プラトン『国家』を読み解く

人間・正義・哲学とは何か

岡部勉

keiso shobo

この書を、二〇二一年七月に亡くなられた、松永雄二先生に捧げます。
本書は、およそ四十年にわたる、先生との対話から生まれたものです。

はじめに

もう三十年近く前のことになりますが、私は『国家』を博士論文の題材として取り上げました。(1) 論文は通った（通してもらった）ものの、それなりに意気込んで挑みかかったつもりでしたが、結局は軽く「跳ね返された」だけではなかったか、要するに「太刀打ちできなかった」ということではないかと、後で思うようになりました。一年半後に論文を出版した際の自分の文章を改めて読み返してみると、「最初はわけが分からなくて、二流のプラトンが書いたのではないかと思った」というようなことを書いていました。(2) 私は、『国家』よりも後に書かれた『テアイテトス』とか『ソピステス』の論理的なギリシア語になじんでいましたので、最初は『国家』のギリシア語にかなり戸惑いを覚えた記憶があります。しかし、言うまでもなく、二流であったのは読み手の方です。その後二十数年間、決定的に自分に足りないものは何か、それを補うには何をどう勉強をすればよいのか、自分が試みた以外にどういう切り口があり得るのかというようなことを考え続けてきました。この作品は、博物館に陳列されるのがふさわしい「人類の知的文化遺産」ではありません。私たちの挑戦を待ち受ける、今なお第一級の哲学のテキストだと思います(3)。

私のこの小著は、まことにささやかなものではありますが、私自身の挑戦の集大成として、この間に私が勉強してきた結果・成果(そう言えるようなものがあることを願っています)を、できるだけ皆さんに分かってもらえるように分かりやすく示すためのものです。私の狙いは、『国家』という古典中の古典の、まったく新しい読み方を提示することです(これは結果としてそういうことになったということです)。本当にそんなことができるのか、と皆さんは言うかもしれません。最終的な判断は皆さんにお任せします。私としては、少しでも『国家』は面白い・読む価値があると思っていただければ幸いです。

私はこの小著を、専門家・研究者の皆さんが読んで少しでも面白いと思ってくれることを期待してはいますが、むしろ一般の方に(『国家』の、あるいはプラトンの)入門書として読んでもらうことを想定して、できるだけ分かりやすいものにすることを心がけたつもりです。この小著を読んで、『国家』は面白そうだから読んでみるか、と思っていただけるのが一番です。専門家・研究者向けの、専門的な内容と、一般の方には（難しく）思われるような部分も、確かに含まれているとは思いますが（それは、専門家・研究者の皆さん向けの便宜のためです）、そういうところは、取り敢えずは読み飛ばしてください。もともと、プラトンの対話篇は、専門家向けに書かれたものではありません。『国家』もそうです。しかし、普通の言葉で書かれてはいますが、恐ろしく高度な内容が含まれています。だから、「跳ね返された」とか「太刀打ちできなかった」ということにもなるのだと思います。それに、そうでなければ「第一級の哲学のテキスト」とは言えません。この小著が、適切な道案内の役割を果たすものとなることを願っております。

この著作の元になった原稿は、放送大学の（退職した所長が放送用の番組作りに協力して行う）講演のために準備したものです（私は二〇一九年の三月に所長職を退きました）。私の講演（とその録画撮り）は二〇二〇年の十一月に行われて、二〇二一年の四月一日に最初の放送がありました。その後、何回か再放送されたようです（今後のことはよく分かりません）。番組は、一般に公開されていますので、ＢＳが映る装置さえあれば、誰でも見ることができます。ただ、四十五分一話完結の番組ですので、全部をお話することは、もちろ

んできていません。要点だけをお話したものです。(4)

プラトン『国家』を読み解く

人間・正義・哲学とは何か

目次

はじめに

第一章　『国家』を読む難しさ

1　何が難しいか

読めない理由

『国家』は十巻からなる大著です。[1] 文庫本二冊分の、しかも内容満載といった感じの、ソクラテス（c. 470-399 BC）を主人公とする対話篇です。古代ギリシア・ローマの昔は黙読という習慣はなくて音読していたそうですが、音読すると十二時間ほどかかります。[2] このように長い対話というのは、もちろん、現実にはあり得ないものです。プラトン（427-

347 BC）はそれを承知で書いていると思います。これだけ長いと、それだけで全体を把握することが非常に難しくなります。それが問題のはじまりです。しかし、それは問題のはじまりでしかありません。

本当の問題（本当はこれを「問題」と言うべきではないと私は思いますが）は、プラトンは（『国家』に限らず）対話篇の読み方を、読者が自分で考えなくても分かるように、手取り足取りして教えてくれたりはしない、というところにあると思います。推理小説は最後に謎解きとか種明かしがあります。しかし、そういうものを期待してもらっては困る、何を読み取るかは読者が決めることである、哲学のテキストとはそういうものである、プラトンはそう言うだろうと思います。だから、読者は『国家』篇の外部に手がかりを求めようとします。例えば『第七書簡』とかアリストテレス（384-322 BC）の『形而上学』とかです。しかし、前者は（仮に偽書ではないと見なすとしても）哲学のテキストではありません。(3) また、後者はプラトンのものとアリストテレスが見なす「学説」について論じてはいますが、プラトンのテキストを根拠にして論じているのではありません。アリストテレスは、『国家』をどう読むかという話は一切していません。よく知られた、「プラトン哲学の成立」にソクラテスの影響だけでなく、ヘラクレイトスとピタゴラスの影響をも見るというような（『形而上学』第一巻第六章）、アリストテレスのプラトン理解がそもそもどのようにして成立したのかについて、ここで詳しく論じるつもりはありませんが、それがプラトン理解の歴史に悪い影響を与えてきたことは間違いないと思います。アカデメイア内部でプラトンから直接口伝された「教え」が共有されていたとする説がありますが、根拠のない憶測の類いだと思います。哲学は、「教え」ではありません。「献辞」に本書を捧げると記した、松永先生（松永雄二、1929-2021）の昔の学生さんたちがときどき先生に、「先生はこういうふうにお考えであると私は思っておりましたが、違いますか」と問うことがありました。それに対して先生は、たいていは素っ気なく、「違います」と答えておられたように記憶しています。哲学は「対話」ですが、「哲学的対話」というのは、手取り足取りするようなものではありませんから、相手が言っていることをどう理解するかは聞き手次第ということになります。仮にプラトンと直接対話ができたとしても、「テキスト外の資料」に依存するような読み方をしている限りは、「違います」と言われるだけだろうと思います。

『第七書簡』とか『形而上学』のような、いわゆる「テキスト外の資料」に依存するプラトン理解の「外在主義」的な考え方が、『国家』を読めなくしている一番の障害だと私は考えます。ここでは、そういうものからはできるだけ遠く離れて、プラトンが書いたテキストをとにかく読み解く（どう読むのかを問題にする）ことにこだわりたいと思います。そういう意味では、私の考え方はいわば徹底した「内在主義」の立場に立つものと言えるかもしれません。

『国家』は、今から二千四百年近く前に（375 BC 前後とされます）、古代ギリシア語で書かれた、間違いなく大昔の著作です。しかし、そのことが読むことを難しくする理由になる、ということはないと私は思います。確かに、当時の状況とか人物その他について、多少の基礎知識が必要になる、ということはあるかもしれません。幸い、そういうものに関しては、私が勉強をはじめたときからその恩恵にあずかっている、大先輩に当たる藤沢令夫（1925-2004）という先生のりっぱな翻訳(4)があって、そこに詳しい註が付けられていますから、簡単に手に入れることができます。それに、プラトンが書き残したテキストは日常語で書かれていて、難解な哲学の専門用語が使われているということは、基本的にはないと思います（部分的に議論の余地はあるかもしれませんが）。だから、何も難しいことはないはずなのですが、もちろん、ことはそう簡単ではありません。

哲学のテキスト

『国家』は「第一級の哲学のテキスト」だと先に言いましたが、『国家』を哲学のテキストとして読まない読み方もあるかもしれません。例えば、国制論とか国制史の資料として読むというような読み方です。しかし、得るものはそう多くはないと思います。他方で、現代の哲学者（他意は何もなくて、思い付きを言うだけですが、例えば現代英米哲学の研究者とか現代倫理学の研究者）は、本気で『国家』を読んだりしないかもしれません。また、プラトン研究者は（たいていは）『国家』を読むと思いますが、哲学のテキストとして読むというよりは、プラトン研究に貢献するために西洋古典学の一テキストとして読むというようなことかもしれません。そうすると、現代において『国家』を哲学のテキストとして読むというのは、よく言って変わった読み方であるということになるかのようですが、プラトンが求めているのは、もちろんそういう読み方だと私は思います。これには、正当な理由があります。

プラトンによると、哲学というのは「魂の向け変え」のことです（これについては、第三章第3節で詳しくお話しします）。この営みは、ソクラテス的な対話（すなわち「論駁」）によってのみ可能であると（『国家』篇の中程で）プラトンは主張しています。プラトンがソクラテスを主人公とする対話篇を書いたというのは、その「対話」がソクラテスの言う「哲学の方法」だからです。他に理由はないと思います。そして、『国家』もそうした対話篇の一つです。そういう意味では、『国家』をプラトン中期の作と位置付けて、前期の「ソクラテス的対話篇」とは明確に一線を画した上で、中期の「プラトン的対話篇」においてはプラトン自身の学説（イデア論）が展開されているとする、一般に流布する考え方を受け入れるというのは、本当は根拠のない思い込みを受け入れることでしかない、と言わなければならないと思います。(5) 要するに、前期であれ中期であれ後期であれ、プラトンがソクラテスを主人公とする対話篇を書いている限りは、ソクラテスの「哲学の方法」を意識しつつ「哲学のテキスト」を書いているということだと思います（「哲学の方法」をめぐっては、第三章第4節で改めて論じます）。

しかし、『国家』篇の対話は「論駁」という形式になっていないではないかと言われるかもしれません。確かに、「論駁」ではないと言えるかのようですが、そもそも「論駁」というのは、対話相手の主張を批判的に吟味して、それを否定して終わるというだけのものではありません。例えば『クリトン』篇がそうであるように、自分たちの思いとか考えの何が残って何が残らないのかを批判的に吟味・検討して、結果として、ソクラテスの積極的な主張が示されることになる、そういうものも含まれます。『国家』篇の対話は、それに準じた批判的吟味・分析のテキストなのだと思います。

ところで、「魂の向け変え」という営みは「無知と思い込み」からの解放を目的とするものですが、この場合に問題となる「無知と思い込み」というのは私たち自身のそれですから、プラトンのテキストが（意味のあるものとして）読めないというのは、プラトンのテキストに問題があるというよりは、私たち自身に問題があるということだとまずは疑ってみてくれ、そうプラトンは言うだろうと思います。読めない理由をテキストのせいにしてしまうと、私たちの「魂の向け変え」ははじまる前に終わってしまいます。私たちが目指すのは、自分自身の「無知と思い込み」と向き合いながら、テキストの全体を筋が通るように読み通すことです。テキスト以外の資料（例えば『第七書簡』）に依存するような読み方は、そういう考え方からすれば、プラトンの意図に反するということになります。肝心なのは、テキスト全体に筋を通せるかどうかです。それが、読解の試金石になると思います。特定の部分だけを切り取って読むこともちろんできますが、その場合は、その部分がどういう位置付けになっているのかを、ある程度は明確にすることが条件になります。とりわけこの作品は、そういう緻密さが読者に求められていると言えるほど、用意周到に作り込まれていると思います。

以上のような考え方に基づいて、本書では「テキスト」という語を、狭い意味ではもちろん『国家』篇のテキストのことを言うものですが、もう少し広く、『国家』がある意味では当然のこととして前提にしていると考えられる、『ソクラテスの弁明』（以下では『弁明』と略記）『クリトン』『ゴルギアス』『パイドン』等を含めて言うものとしたいと思います。

道しるべ

『国家』は十巻からなる大著だと言いましたが、間違いなく（そう私は言いたいと思います）、プラトンの主著と言えるようなものだと思います。主著であるというのは、この場合、自分（プラトン）はソクラテスから何を学んだのか、そもそもソクラテスとは何であったのか、哲学とは何であるのか、自分が理解したそのすべてをこの著作に託す（すべてをここで言い尽くす）ということだと思います。過剰な期待と言われるかもしれませんが、もしそういう対話篇がプラトンに一つあるとしたら、候補になり得るのは『国家』だけではないか、私はそう考えます。この著作は（おそらくは長い時間をかけて）入念に作り込まれていると思います。あまり指摘されませんが、ソクラテスと同じような目に遭わないようにするための用心ということも、実はあったのではないかと私は思います（これについては、後でもう少しお話します）。しかし、どう読めばよいかを示す「道しるべ」は、間違いなくあります。

「道しるべ」の一つは「人間の話」です（もう一つ別の「道しるべ」がありますが、それについては第三章第2節でお話しします）。全編を貫いて、「そもそも人間とはどのようなものか、人間とは何か」が問われていると思います。これを見逃さないことが肝要です。この「人間の話」に、「正義とは何か、正義は人間にいったい何をもたらすというのか」という問い（第三章第1節及び第四章第3節）、そしてさらに、「哲学とは何か、哲学（すること）によって人間はいったいどうなるというのか」という問い（第三章第2節以下）、この二つの問いが絡んできます。人間とは何か、正義とは何か、哲学とは何か、これら三つの問いにプラトンがどう答えているのかを読み解くこと（それぞれの問いに対する答えは、間違いなく見出すことができると思います）、また、それに対して自分はどう答えるのかを自分でも考えること、それが『国家』を読むということだと思います。

通常は、「すぐれてプラトン的」と言われるような「国家論的思想とイデア論的思想」

を読み取ることが『国家』を読むことである、と言われるものと思います。確かに、そういうところに目が行くようにプラトンが仕組んだ、と言えるようにも思われます。人が「理想論にすぎない、荒唐無稽な話である」と受け取ることを、あるいはそう言い訳できるようにしておくことを、むしろ狙いとした、ということかもしれません。そうだとすると、それは用心のためであったと私は思いますが、これについてはもう少し後で（第三章第2節）お話したいと思います。

もちろん、「国家論」も「イデア論」（イデアへの言及）も『国家』に見出すことができるものですが、そこにばかり目をやると見えなくなるものがあります。「道しるべ」は間違いなくあるのに、「国家論」とか「イデア論」のまばゆいばかりの輝きに惑わされて、全編を貫く本来の主筋が見えなくなる、元はと言えば、これこそが『国家』を読めなくしている元凶かもしれません。しかし、これまで誰もがそういう読み方をしてきたではないか、それに異を唱える方がよほど荒唐無稽ではないか、と言われるかもしれません。それに対しては、今は「たとえ二千数百年の歴史が立ちはだかるとしても、異を唱えることをはじめから不可能にするようなものは何もないだろうし、少なくとも、別の読み筋があることを誰の目にもはっきりと分かるような仕方で示すことは可能だと思う」とだけ言っておくことにしたいと思います。他方、もし誰かが『国家』（という第一級の哲学のテキスト）をどう読むかということを後回しにして、例えば「イデア的世界」について（「書かれざる教説」の類いを、想像をたくましくして）論じたいと言う場合には、それは哲学することからは遠く離れた無益な営みだと、私は言いたいと思います(6)。

いずれにしても、問題を解決する道は、間違いなく一つだけあると私は考えます。それは、できるだけ思い込みを廃して（自分自身に対して批判的・反省的に）『国家』篇のテキストと向き合うことだと思います。ソクラテス・プラトンが考える哲学というのはそういう批判的・反省的な営みのことだとすれば、テキストがそういう営みを要求するような仕方で書かれていると想定することに、それほど無理はないと思います。

このような『国家』に対するアプローチの仕方というものを、私は松永先生から学んだと自分では思っています。そもそも、『国家』という（誰もが名前だけは知っている、しかし誰もが遠い過去のものだと思っている）作品がそういうアプローチの仕方を要求するということについて、またその要求に（それなりに長い時間と労力を費やして）こたえようとするだけの（いや、それ以上の）価値があるということについて、私は松永先生から学んだのだと思っています（先生がどう思っておられたのか、それは分かりません(7)）。

2 『国家』篇の概略

登場人物と構成

内容の分析に入る前に、『国家』篇の概略を見ておきたいと思います。全体は、（たぶん私たち読者を相手とする）ソクラテスの一人称による報告の形になっています。場所は、アテナイを少し離れた港町の富裕な（外国籍の）商人ポレマルコスの邸、対話が行われたとされる年代は、たぶんソクラテスが亡くなる二十年以上前、登場人物は、ソクラテスとポレマルコスの他に、ポレマルコスの父親ケパロス、（黒海地方出身の）弁論家トラシュマコス、（アテナイの）保守派の政治家クレイトポン、そして（Ⅱ巻以降、ソクラテスの対話相手を務める）プラトンの二人の兄、グラウコンとアデイマントスです。

プラトンは概してシンメトリックな構成を好むように思われます。通常の理解によると、全体は⑴Ⅰ巻を導入部、⑸Ⅹ巻を終結部として、その間を⑵Ⅱ巻～Ⅳ巻、⑶Ⅴ巻～Ⅶ巻、⑷Ⅷ巻～Ⅸ巻という三つの部分に、大きく分けることができるとされます。この点に関しては、異論を差し挟む余地はほとんどないと見なされています。しかし、私には「終結部」に関して釈然としない点があります。これについては、この後お話しします。

一般的な読み筋

⑴導入部Ⅰ巻では、ケパロスとの対話がきっかけとなって、正義とは何かをめぐって、ソクラテスが最初にポレマルコスと、続いてトラシュマコスと、いわゆるソクラテス的な対話（問答）を交わします。ソクラテスの哲学の「方法」である「論駁」が描かれていると見ることができます。最後にソクラテスは、正義について何も知ってはいないということが分かっただけだと、無知を表明してⅠ巻を締めくくります。

⑵しかしⅡ巻の最初のところで、グラウコンとアデイマントスがそれぞれ正義と不正について一般に人が思っているところを代弁して、改めてソクラテスに、正義のために（正義を擁護するために）論じることを要求します。その要求に応じてソクラテスは、国家と人における正義を擁護する議論を展開することになります。それが、Ⅳ巻の最後まで続くのですが、それがはじまるⅡ巻の途中からは、いわゆる「論駁」という「方法」を用いる「ソクラテス的対話篇」とは違って、ソクラテスがグラウコンとアデイマントスを相手に、「対話による探究」の形で話を進めていくことになります。

話の順序としては、最初に、国家の成立・成り立ちと構成員の話、それに続いて、国家の守り手と導き手をどう作るか、どう教育するかという話、そしてその教育の観点からは、真実からはほど遠い作家・詩人たちの物語は追放されるべきであること、さらに、すぐれた国家のあり方・条件の話、国家における正義の話と続いて、最後に、人間の魂の（「三つの部分」から成るとする）成り立ちの話とすぐれた魂のあり方をめぐる話、そして魂における正義の話が展開されます。続けて、V巻の最初のところで、それ以外の国家のあり方と人間のあり方の話が展開されようとするのですが、そこでいったん別の話になります。

(3)別の話になったのは、V巻の最初のところで、アデイマントスがポレマルコスとともに、すぐれた国家のあり方（国制）について詳しく述べることをソクラテスに要求したからです。ここから話は、すぐれた国家のあり方・条件の話に戻って、まず、女性の教育とか子どもの養育をめぐる制度上の話が展開されます。それに続けて、哲学者が導き手となるのでない限りすぐれた国家が実現することはないと言われます。

ここで（V巻の途中から）話は哲学と哲学者へと転じて、はじめに、哲学者をどう捉えるのかについて、また、哲学者はなぜ役に立たないと人に言われるようになったかについて述べられます。それに続けて、哲学者は何を学ぶべきかをめぐって、「太陽の比喩」「線分の比喩」「洞窟の比喩」が（Ⅵ巻後半からⅦ巻の途中まで）展開されます。さらに、「哲学者をどう教育するか」という話がそれに続きます。

(4)哲学と哲学者の話が終わると、Ⅷ巻の最初からは、Ⅴ巻冒頭部分でわき道にそれたために置き去りにされた、すぐれた国家と人間以外の国家のあり方と人間のあり方の話に戻ります。Ⅷ巻の最初からⅨ巻の前半まで、名誉を重んじる「名誉支配制」的な国家と人間の話、金銭を重んじる「寡頭制的」な国家と人間の話、自由を重んじる「民主制的」な国家と人間の話、そして最後に、すぐれた国家と人間の対極にある最も劣悪で不正な「僭主《せんしゅ》制的」な国家と人間の話と続きます。

Ⅸ巻の残りの部分では、まず、正しい人間の生と不正な人間の生を、幸・不幸という観点から比較する話が展開されます。次に、不正が得になるとする主張がなぜ誤りであるのかが説明されます。

(5)Ⅹ巻の前半では、なぜホメロスをはじめとする作家・詩人たちは正しい仕方で作られた国家から追放されねばならないかについて、改めて論じられます。それに続けて、魂の本来のあり方をめぐる話と正義の報酬をめぐる話が（死後の報酬をめぐる「エルの物語」を最終部として）述べられて、ソクラテスの話は全体が締めくくられます。

いくつか釈然としない点

概略は以上です。いくつか（普通は問題にされないのですが、説明が必要ではないかと思われる）釈然としない点があります。取り敢えず、ここでは指摘するだけにして、後で改めて問題にしたいと思います。

まず、登場人物に関してですが、その一人、ポレマルコスというのは、ペロポネソス戦争に敗れた後のアテナイに成立する（404 BC）急進的な三十人政権によって殺害され、財産を没収されることになる人物です。そしてもう一人、クレイトポンというのは、民主制復活後にソクラテスを告発することになる（399 BC）アニュトス一派に連なる保守派の政治家です。『国家』を最初に読むことになったアテナイの人々は、こういった事情をよく知っていたはずですから、プラトンは意図的に、ソクラテスやポレマルコスにどういう運命が待ち受けているのかを（いやでも）読者に思い出させるような仕方で『国家』篇を構想した、ということになります。これをどう理解すべきか、何らかの説明が必要であると私には思われます。

「構成上のつながり」に関しては、釈然としない点が、少なくとも二つあります。その一つは、Ⅴ巻〜Ⅶ巻はわき道にそれたことになっているのですが、Ⅳ巻の中程（435d前後）で言われる「別のもっと長い道」のことは、Ⅵ巻の後半（504b前後）で再び持ち出されて、そこで⑵の部分とのつながりが付けられています。問題は、それがどういうつながりかです。Ⅳ巻の中程というのは、国家の話から人間（人間の魂）の話になるところです。

Ⅳ巻のその箇所では、本当は「別のもっと長い道」があるのだが、（これから魂における正義の話をすることになる）ここではこれまでと同じやり方で話を進める、とソクラテスは言っています。他方、Ⅵ巻後半の504b前後というのは、「哲学者は何を学ぶべきか」という話がこれからはじまる、その前触れの箇所です。すぐその後で（505a）、「学ぶべき最大の事柄」として「善のイデア」があると言われるのですが、その少し前で（504d）、正義その他についても、下書きで満足するのではなくて、それを最高度に完全に仕上げることを怠ってはならない、と言われています。「正義その他」の「その他」が何を意味するのか、その点は定かではありませんが、それが何であれ、この後、Ⅶ巻の終わりまでの間に、正義の話はありません。どこにその話はあるのか、それとも省略されたのか、それが問題です。「正義とは何か」については第三章第1節、「別のもっと長い道」については第三章第2節で、詳しく論じます。

もう一つ、「構成上のつながり」という点で釈然としないのは、終結部と見なされるX

巻です。本当に終結部にふさわしい内容があると言える（そういうものとして読める）のかどうかが問題です。普通に読むと、「Ⅸ巻までで話は全部終わっている、Ⅹ巻はおまけのようなもの」ということになるのかもしれません。[8] しかしⅩ巻603d-eに、かなり離れた箇所（Ⅳ 439c前後）への言及があります。そして、「そのとき省略したことがあるので、ここで詳しく論じる」と言われています。そのⅣ巻439c前後の箇所というのは、人間の魂についてその成り立ち・あり方が、国家の成り立ち・あり方を参照することを通していわゆる「魂の三部分説」として述べられている箇所です（「魂の三部分説」については第三章第1節で説明します）。Ⅳ巻のこの前後で言われていることについては、先に見たように、「別のもっと長い道があるのだが、ここではこれまでと同じやり方をする」と言われていました。そうすると、Ⅹ巻で「ここで詳しく論じる」とソクラテスが言っているのは、「別のもっと長い道」の（少なくとも）一部であることを意味する、ということかもしれません。いずれにしても、Ⅹ巻の問題の箇所が、Ⅳ巻の「三部分説」が述べられている箇所の何をどう「補足」しているのかを問題にする必要があると思います。「終結部」に関しては、第四章第2節以下で改めて論じます。

他にも「釈然としない点」はあるのですが、ここではこれ以外の点には触れないことにして、残りは（「残り」とは言っても、もっと重大と思われるものもあります）、話の展開に合わせて説明することにしたいと思います。

ところで、「人間の話」が「道しるべ」だと本章第1節で言いましたが、前述したような仕方で概略を述べても（普通は、こんな具合になると思います）、それが何のことか、少しでも分かるようになることはないと思います。しかし、プラトンは『国家』篇を構想する際に、その要になる縦糸として「人間の話」を置いたと私は考えます。なぜそう考えるようになったのかを説明することから、この後の話をはじめたいと思います。

第二章　『国家』篇の構想

1　構想の要としての「人間の話」

奇怪な生き物

プラトンが『国家』IX巻末尾近く588c-eにおいて、長い論述の果てに描き出す人間の姿は異形そのものです。そこで、人間は巨大な多頭の怪物とそれよりは小さいライオンとさらにそれよりも小さい人間が一つになったような生き物である、と言われています。プラトンはここで、「多頭の怪物」は欲望を表すとか「ライオン」は何を表すというようなことを何も言っていません。おそらくは、文字通りに取ってくれ、ということではないでしょうか。つまり、人間は三種類の生き物が一つになったような、奇怪な生き物である、ということです。いずれにしても、私たち人間は複雑で多面性を有する生き物である、ということだと思います。人間は多面性を有する、この点が重要です。人間は文字通り「人間らしい」と言えるような面を見せることもある一方で、ときに猛々《たけだけ》しく、ときに獣に等しくもなる、奇怪な生き物である、これが「人間とは何か」という問いに対するプラトンの答えです。

人間の正体をこのようなものとするプラトンの考え方に、現代に生きる私たちはそれほど違和感を感じることはない、と言えるかもしれません。最近の脳科学の考え方を少しだけかじってみると、感情と欲求の仕組みは、脳のかなり古い段階から三層に渡って（大脳基底核の線条体、大脳辺縁系、大脳皮質の順に）進化してきたと考えられていることが分かります。爬虫類の段階から存在すると考えられている大脳基底核という最も古い部分の周りを、大脳辺縁系という哺乳類の段階になって発達した部分が取り囲んでいて、さらにその周りを、大脳皮質という霊長類以後に（特に人類の段階になって）発達した部分が取り囲んでいるとされます。そして、感情とか欲求というのは三つの層のそれぞれに関連するということが、次第に明らかになってきているとされます。感情とか欲求というのは、それだけ厄介なものであるということだと思います。しかも、いつでも全体が一体となって、バランスよく、協調的に働く、という保証はないとされます。どこかが（あるいは何かが）暴走することがある、ということだと思います。プラトンの考え方は、このような現代科学の考え方を、ある意味では先取りしているようなところがあるように思われます。

ところで、このことが言われるⅨ巻十二章は、冒頭部分でいきなり、ソクラテスが「議論がここまで来たので、ここで最初に（Ⅱ巻のはじめに）言われたことに戻る」と言って、すぐにこの「人間とは何か」という話をはじめる、という論の進め方になっています。Ⅱ巻のはじめに戻るということは、正義を擁護するために論じて欲しいという、プラトンの二人の兄が要求したそもそもの課題に戻るということですから、『国家』篇全体の論の展開からすると、ここからが終結部で、Ⅸ巻十二章からⅩ巻の最後までがそもそもの課題に対する答えの部分と考えるのが自然ではないかと思います。確かに、Ⅹ巻冒頭にも「話題の転換」を見ることはできると思いますが、Ⅸ巻十二章冒頭のそれと比べてよりはっきりしているとはとうてい言えないように思われます。しかしそうだとすると、㈠なぜこれまでⅨ巻十二章からを終結部とするような読み方がされることがなかったのかということ、

(二)Ⅸ巻十二章からを終結部とするといったい何が違ってくるのかということ、この二つが問題です。

前者の問いに対しては、これまでは、そもそも「人間の話」が『国家』篇全体の主筋であると考えられることがなかったから、というのが答えであると私は思います。だから、「人間とは何か」という問いに対する答えがここで与えられることの意味が、ほとんど完全に見失われることにもなったのだと私は考えています。Ⅸ巻の最後の二章は、前の議論に続けて読まれることによって、Ⅸ巻四章から続く「正しい人間の生と不正な人間の生を、幸・不幸という観点から比較する話」のいわば結論部と位置付けられることになります。そうすると、Ⅸ巻が終わるところで正義を擁護する話は全部終わってしまうことになりますから、Ⅹ巻が何のためにあるのかが完全に分からなくなります。しかし本当は、「人間とは何か」を明らかにして、その上でその人間に関して何が問題になるのかをはっきりさせる、それがⅨ巻の最後の二章でプラトンがしていることだと思います。そして、その問題の解決に正義がどう関わってくるのか、正義は人間に何をもたらすから、その問題は解決されることになるのか、Ⅹ巻はこれらの問いに答えるものとなっているのでなければならない（実際にそうなっていると思いますが、詳細については最後の第四章でお話します）、これが、Ⅸ巻十二章からを終結部とするといったい何が違ってくるのかという二番目の問いに対する答えです。

ところで、「人間の話」はこれまで、『国家』篇全体の主筋であると考えられることがなかったと言いましたが、それどころか、そういう話の筋があるということ自体が見過ごされてきたと私は思います。理由はいくつかあると思いますが、主要な理由の一つは、（確かに「人間の魂」について論じてはいる）Ⅳ巻439c前後の「魂の三部分説」にばかり目が行くことによって、前後のつながりが見えなくなっていたということかもしれません。確かに、Ⅳ巻の「魂の三部分説」というのは、（この後お話するように）「人間の話」の一部ではあるのですが、それだけで完結している話ではありません。ソクラテスは後にⅩ巻603d-eで、あのときは省略したことがあるとはっきり言っています。『国家』篇の「人間の話」は息の長い話です。このことも、そういう話の筋があることが見過ごされてきた理由の一つかもしれません。それに、そもそもこのどろどろした世界に生きるありふれた人間の話などプラトンの眼中にないはずだ、という思い込みもあるかもしれません。イデアの世界とか理想国家について論じること、それこそが『国家』篇を書いたプラトンの目的である、そういう思い込みの裏側に潜むと思われる、もう一つの思い込みです。

「詩人追放」

「人間の話」はもともと「詩人追放」の話に結び付けられている、と言えるように思います。「詩人追放」の話というのは、国家の成り立ち・構成員の話から、（Ⅱ巻後半十七章376e以降は）国家の重要な構成員である国家の守り手をどう作るか、どう教育するかという話になって、その教育の観点からは、真実を語ることからはほど遠い、ハデス（冥界）の話や神々と英雄たちについての作家・詩人たちの物語は追放されるべきであるとされたことからはじまっています（Ⅲ巻前半五章392aまで）。それにすぐ続けて、「人間の話」が展開されようとするのですが、その「人間の話」はここでは先送りされることになります。先送りする理由については、次のように言われています。

ヘシオドスやホメロスをはじめとする作家・詩人たちは、神々や英雄たちについても、また人間についても、でたらめを語っている、これが作家・詩人たちの物語（の一部）を否定する（追放する）プラトンの理由ですが、[1] その人間の話の中でも最も重大なでたらめは、人間の幸・不幸は正・不正に関わりがないとするかのような語り方にある、しかしその誤りをどう正すかという話は、「正義とは何か」を見出して、「正義が得か、不正が得か」という問題に決着を付けるまで先送りする、と言われています（Ⅲ 392a-c）。先送りする理由は、作家・詩人たちの「人間の幸・不幸と正・不正をめぐる話」の何がでたらめかについて、ここで対話相手の二人と同意してしまうと、Ⅱ巻のはじめのところで二人によって提出された「正義を擁護する」という『国家』篇の中心的な課題に先走った解答を与えることになってしまうから、ということだと思います。確かに、それはその通りだと思います。問題は、これによって「人間の話」も先送りされることになったと考えられますが、それはこの後、どこにどのようなものとして見出すことができるのかということです。

先送りされた「人間の話」とはどのようなものであって、『国家』篇のどこに見出すことができるのか、この点をはっきり指示すると思われる箇所があります。Ⅲ巻の（先に言及した箇所の）少し前の箇所（387d-e）で、神々と英雄たちの話として「立派な男は息子が死んでも嘆くことはない」と言われていました（「英雄」は「半神」ですから、普通の人間とは違います）。他方、遠く離れたX巻603d-604dでは、「立派な男はそういう場合に悲しみに堪えているのであって、少しも悲しくないということではないのだ」と言われています。同じように（男性形で）「立派な男」と言われているのですが、Ⅲ巻は神々と英雄たちの話で、X巻は人間の話です。そういう違いがあります。X巻のこの箇所（603d-

604d）が人間の話であるというのは、この箇所の位置付けについて、先にも言いましたように、Ⅳ巻439b-441cの「補足」であるとはっきり言われていて、そのⅣ巻439b-441cは、紛れもなく「人間（人間の魂）」を問題にしていることが明白だからです。この箇所は「人間の魂」の成り立ち・あり方を、いわゆる「魂の三部分説」として述べている箇所です。問題は、Ⅹ巻603d-604dがⅣ巻439b-441cの何をどう「補足」しているのかですが、それについては最後の方で（第四章第3節）お話することにします。

それにしても、「人間の話」は確かにあると言ってもよいが、それが主筋であるというのは、ここまでの限りでは牽強付《けんきょうふ》会《かい》と言う以外にない、そう言われるかもしれません。しかし、そもそも「人間の話」というのは、「人間の成り立ち・あり方」をめぐる話であるということ（「魂の三部分説」というのは間違いなくそういう話です）、そしてその「成り立ち・あり方」をめぐる話に「人間をどう作るか、どう教育するか」という話が絡んでくるということ（この後見るように、「正義とは何か」という話と「哲学とは何か」という話は、それぞれその「人間をどう作るか、どう教育するか」という話の核心をなす部分です）、それが明確になりさえすれば、そういう非難は当たらないことが分かってもらえるのではないかと思います。

ところで、プラトンが「神々と英雄たちの話」と「人間の話」を切り分けたことに関して、先に言った理由はいわば表向きの理由でしかなくて、他にもう一つ別の（本当の）理由があったと言えるのかもしれません。作家・詩人たちは、確かに神々と英雄たちに関してでたらめを語っているかもしれませんが、それは、神々と英雄たちの話と人間の話を混同しているからであり、神々と英雄たちが劣悪な人間と同じであるかのように面白おかしく描いているからである、とされるだろうと思います（これについては、プラトンに同調して、許されることではないとする人たちが少なからずいるかもしれません）。しかしそれに続けて、作家・詩人たちは人間についても同じようにでたらめを語っている、と言ってしまうと、これはかなり刺激的なことを言ったことになるように思われます。では、作家・詩人たちの（これまでギリシア社会が認めてきた、教育者としての）権威はどうなるのか、それをお前は全面的に否定するのか、そういう話になると思います。プラトンはそれを避けるために、ここで先送りしただけではなくて、以後の（「人間の話」の）展開を意図的にいくらか分かりにくくしたのではないかと思われます(2)。

2　議論をどう組み立てたか

国家と人間

『国家』篇全体は「正義が得か、不正が得か」という問いにどう答えるかを探究するものとして構想されています。この問いに答えるためには「正義とは何か」を明らかにする必要がある、その「正義とは何か」を明らかにするために、まず「国家の成立・成り立ちと正・不正の由来」を解き明かし、その国家の成り立ち・あり方を参照することを通して、「人間の成り立ち・あり方」を究明する、そういう手順がとられています。この手順は「方法」として明確に意識されています（II 368e-369a, IV 434d-435a, IX 577c）。プラトンがこの著作を『国家』と名づけた（原題の *Politeia* は、正確には「国制」のことであると言われることもあるのですが、広く「国家の成り立ち・あり方」を意味すると捉えたことから、邦訳では「国家」が定着したものと思われます）理由の一つは、この「方法」にあると思います。[3]もっと別の理由があると思いますが、それについては後で（第四章第1節）お話しします。

ところで、アリストテレスは後に、『霊魂論』において、動物や植物と見比べることを通して、人間とはどのようなものであるかを明らかにしようとしました。アリストテレスは「自然的存在」としての人間を問題にしようとしたのですが（『霊魂論』第二巻第一章）、プラトンが問題にしようとしたのは、国家（ポリス）に生きる「社会的存在」としての人間です。この場合、まず国家がどういうものであるのかを問題にしないわけにいきません。その上で、その国家において何が問題になるのか、そしてその問題は何に由来するのかを確認すること、それがプラトンの狙いであったと思います。

アリストテレスとの違いに関しては、もう一つあります。アリストテレスが問題にしようとしたのは、人間の魂と動物の魂あるいは植物の魂との違いの部分、言い換えれば、人間の魂が持つ固有の能力（としての思考能力）をどのようなものと見るか、どのようなものとして位置付けるか、でした（『霊魂論』第二巻第三章）。他方、プラトンが問題にしようとしたのは、この第二章はその話からはじまっているのですが、人間の人間らしい面だけというのではなくて、人間の多面性そのもの、他面的なあり方をする人間の全体、でした。この違いがいったい何をもたらすことになるのかということに関しては、第四章第2節でお話することになると思います。

「魂」は「プシューケー（*psuche*）」の訳語として定着していると考えられますが、先に言いましたように、アリストテレスは「植物」「動物」「人間」という「生命形態」の違いを問題にしてこの語を使っています。プラトンの用法は多彩ですが、基本的には「人間のあり方の多様性」を問題にして、そのあり方を決めているような何かを表すものとしてこの語を用いていると思います。また、「魂の不死」を論じる際には「純粋な魂」というような言い方をしていますが、現実に私たちが目にする「人間の魂」は「身体・肉体その他と結び付いて純粋なものではなくなっている」としています（X 611b-612a）。「純粋な魂」が何を意味するのかは必ずしも明確ではありませんが、はっきりしているのは、プラトンが「人間の魂」という場合、それは（「純粋な魂」と違って）身体・肉体から切り離して考えることができるようなものではなくて、むしろ身体・肉体と結び付くことによって多面的なあり方を示すことになる、そういうものであるということです。

人間をどう作るか

ところで、「国家の成り立ち・あり方」を参照することを通して「人間の成り立ち・あり方」を究明するという「方法」は、そうでたらめなものでもないと思います。国家を作っているのは人間だからです（IV 435e-436a, VIII 544d-e）。「国家の成り立ち・あり方」をめぐる話は、国家をどう作るか・どういう国家を作るかという話からはじまっていますが、国家をどう作るか・どういう国家を作るかという話は、当然、人間をどう作るか・どういう人間を作るかという話になります。

「国家を作る」という話は、「すぐれた（国家の）守り手を作る」という話になる（Ⅱ巻十五章）あたりから「すぐれた国家を作る」という話になっていると思います。「人間を作る」という話は、実際には「すぐれた（国家の）守り手を作る」という話からはじまっていて、途中から「すぐれた人間を作る」という話になっていると思います。[4] ギリシアの伝統的な考え方からすると、「すぐれた守り手を作る」という話と「すぐれた人間を作る」という話は、基本的には重なると言ってもよいかもしれません。そして、伝統的な考え方からすると、「すぐれた（国家の）守り手」とは「すぐれた市民（国家の構成員）」のことであり、それはすなわち「すぐれた人間」のことである、ということになると思います。しかし、伝統的な考え方を離れた場合には、そうは言えなくなるということもあると思います。この点については、後で（第四章第1節）詳しくお話したいと思います。

ところで、人間をどう作るか・どういう人間を作るかという話は、当然、教育の話になります。それで、『国家』篇の半分近くを教育の話が占めるという結果になっています。[5]

そして、そういう流れからすると、哲学の話はその教育の話の一部として位置付けられる、表向きはそうなっていると思います。しかし、Ⅵ巻〜Ⅶ巻の哲学の話というのは、Ⅳ巻末尾までの教育の話の延長上にある話ではありません。Ⅳ巻までの話の中で「理想的な教育を受けた」とされるような人間が（そういう人間だけが）哲学者になる、というわけではありません。そういう話では全然ない、ということを理解する必要があります。

プラトンが哲学を問題にする（哲学とは何かという話をする）という場合、ソクラテスとは何であったかという話を何もしないということは考えられないと思います。Ⅴ巻〜Ⅶ巻に、間違いなくその話はあります。それを正確に読み取る必要があります。そして、その話と「詩人追放の話」がどう交わっているのかを、正確に読み解く必要があります。プラトンは「哲学者と詩人は昔から仲が悪かった」と言っていますが（Ⅹ 607b）、本当にそういう話なのかどうかは分かりません(6)。教育の話、とりわけ「すぐれた人間を作る」という話になると、哲学者と詩人は互いに相容れないということがあり得る、ということかもしれません。

『国家』篇全体の目指すところは、人間論、教育論、正義論を根幹とする、壮大なスケールで「人間の幸・不幸と正・不正の関わり」を明らかにすることである、と言えるように思いますが、そこには、ソクラテスその人の生き方・あり方を、それが本当のところどういうものであったかを明確にするために、改めて問い直す、という意味が込められていると思います。ソクラテスは生涯を哲学に捧げ、正義を貫いた人である、そうプラトンは、印象に強く残るような仕方で、『弁明』29c-d, 33a や『パイドン』118a で語っていました。『国家』が書かれたのは、ソクラテスの死後二十年以上経ってから、おそらくは、プラトンが五十代になってからのことだと思います。作中で対話が行われたと想定されているのは、（たぶん）ソクラテスが最後を迎える二十年以上前、ソクラテスが五十歳前後のことではないかと思います。場所は、アテナイから少し（七キロほど）離れた港町（アテナイの外港、ピレウス）に設定されています。おそらくは、ソクラテスという（プラトンにとっては）特別な人間の生き方・あり方、そして、そのソクラテスを結果として死に追いやったアテナイという国家のあり方・成り立ちを、四十年という時の経過を織り込みながら改めて問い直すために、そういう設定にしたのだと私は思います。ポレマルコス邸という対話の舞台設定も、そういうプラトンの意図に基づいて選択されたものと考えられます。もちろん、最初に『国家』を読むことになった人々は誰もが、ソクラテスがその後どうなったのかをよく知っていたはずです。その読者に向かってプラトンは、哲学者（ソクラテス）こそが幸福なのだと言おうとしています[7]（VI 498b-c）。

3 「方法」の問題

国家との「類比」

先に（本章第2節の冒頭）、「国家の成り立ち・あり方」を参照することを通して「人間の成り立ち・あり方」を究明するという手順を、プラトンは「方法」として明確に意識していると言いましたが、この場合の「方法」を「類比（アナロジー）」と捉える見方が、研究者の間で一般的なものとなっています[8]。確かに、国家の構成員を三つに分けたことに対応させて、魂の構成部分を三つとしたことに関しては、「類比」によるとすることに異論はありません（IV 435b-c, 439e-441c）。しかし、話はそれで終わるのではありません。

プラトンがその先にある話として目を向けようとしているのは、（国家の、そして魂の）「全体をどう支配し導くか」という問題です。現実の国家において、全体を適切に支配し導くということがなければ、個々の構成員が勝手なことをするので、全体はバラバラになってしまうと思います。同じように魂においても、その全体を適切に支配し導くということがなければ、魂の構成部分がどういうものかにもよると思いますが、それぞれが勝手なことをして、全体がバラバラになってしまうかもしれません。これが、『国家』篇における本当の問題のはじまりだと思います（この問題がこの後どう展開されることになるかについては、本節後半及び第三章第1節でお話しします）。

「支配する」という話は、単純なものではありません。問題の伏線は、I巻におけるソクラテスが言う「支配する」とトラシュマコスが言う「支配する」の意味の違いにあると考えられます。ソクラテスが言う「支配する」は、支配される側のものが何であれ、そのものの利益を図ることだとされますが、トラシュマコスが言う「支配する」は、支配する強者・権力者が自分の利益を図ることだとされます（I 342e-343b）。後者のような考え方は、特に目新しいものではないと思います。そして現実には、前者のような「支配する」ももちろんあると思いますが、それだけがあるのではなくて、後者のような「支配する」も確かにあると思います。しかし、何がこの違いを生むのでしょうか。この問題の根源にあるのは、人間は単純な生き物ではないという、紛れもない事実だと思います。人間の多面性をどう捉えるか、話はそこに向かっていくことになります。しかし、プラトンがこの問題を論じるためにとった手順は、単純なものではありません。

ソクラテスが言う「支配する」において、支配される側のもの（被支配者）の利益を図るように導くものは「技術」とか「知識」の類いであるとされますが、トラシュマコスが言う「支配する」において「自分の利益」を追求するようにさせるものは何でしょうか。「欲求」とか「欲望」の類いでしょうか。それが何であれ、それは「技術」とか「知識」の類いとはまったく別の何かだと思います。さらに、これ以外に、問題になるようなものはないのでしょうか。「欲求・欲望」とは別のものとして「感情」があるではないか、そう言われるかもしれませんが、プラトンが考えるものはもう少し違うものです。プラトンは、国家の構成員である「国家の守り手」の話をはじめるとすぐに「テュモス（*thumos*）」に言及しています（II 375a-b）。この語の一般的な訳語は「気概」ですが、「気力」とか「度胸」のことどされたり、「怒り」とか「勇気」あるいは「忍耐」とか「意志の強さ」の源泉とされたり、これがないと「意気地《いくじ》がない」とか「腑甲斐《ふがい》ない」と言われたりもする、そういう何かのことだと思います。そういうものが人を動かすことがある、とりわけ「英雄」として賞賛されるような人間（あるいはアキレウスのような半神）を動かすのはそういうものである、作家・詩人たちはそう言うだろうと思います（現代において「テュモス」に類した語が頻繁に用いられるのは、おそらくスポーツの世界に関連してではないかと思います）。

他にも、こういった類いのものが何かあるかもしれません。問題は、どうやってそれを見極めるかですが、現実の国家の支配形態に目を向けるというのは、間違いなく一つのやり方だと思います。Ⅷ巻二章からⅨ巻三章まで、名誉支配制的な国家と人間の話、寡頭制的な国家と人間の話、民主制的な国家と人間の話、そして最後に僭主制的な国家と人間の話と続きますが、人間の多面性を決定的な仕方で明確なものにしようとするプラトンの議論は、かなり手が込んでいます。詳細については、第四章第2節で見ることにします。

行為をめぐる問題

ところで、人間の多面性を明らかにするために実際にプラトンがやっていることは、これだけではありません。Ⅳ巻439b-441cの、通常「魂の三部分説」をプラトンが表明していると見なされる箇所というのは、最終的に「人間の魂は理知的部分、気概的部分、欲望的部分という三つの部分からなる」ということを言って終わりになる、というわけではありません。ここで誰にでも分かるような仕方で取り出して見せようとしているのは、「意志が強いとか弱い」というようなことが問題になる場面で「何がどういう役割を演じるか」です。私たちは「のどが渇いていて水が飲みたくても、飲むことを我慢する」ということがあります。我慢するのは、そうする方がよいと考えるからですが、考えればすぐにそうできる、というわけではありません。欲求とか欲望の類いが（あるいはむしろ、「のどの渇き」という身体的出来事が）私たちを飲むことへと引きずっていくかもしれません。魂の全体が文字通り一つになっていて、自分の思いとか考えに従うようになっていないと、「飲むことを我慢する」というようなことはそもそもあり得ない、これがⅣ巻439b-441cの要点です。

何が問題であるかは明らかだと思います。主役を演じることになるのは、「（そうするのが）よいと思うとか考える」という、どうするのかを私たちが自分で決めることができる、そういう意味で「私たち次第」と言えそうな能力ないし働きです。そして、それが向き合うことになるのは、私たちの意志とは無関係に「生じてくる」と考えられるような何か、それに対して私たちはある種「受け身」である以外にないような何かです。これが、日常においてもあるいは非日常的な場面においても、私たちにとって行為が問題になる場合の最も基本的な捉え方だと思います。（主役が向き合うことになる）後者を、「魂の欲望的部分」と結び付けて捉えるというのは、「国家の成り立ち」に対応させる形で「魂の成り立ち」を（取り敢えず、便宜的に）説明するためだと思います（この手続きは、後にⅧ巻から

Ⅸ巻にかけて、欲求・欲望がとる「奇怪な姿」について詳しく論じるために必要なものです）。国家の第三の構成員ははじめから、欲求・欲望の類いと結び付けて語られていました（II 373a-c）。

ここでの説明・議論が取り敢えずのものであるということは、少し前の箇所（IV 435c-d）ではっきりと言われています。つまり、「別のもっと長い道」があると言われているのですが、その別のより本格的な議論（第三章第2節で詳しく見ることにします）を準備するための「布石」はしっかりと打たれていると思います。一つは、「のどが渇いているのに飲むことを我慢する」というような場面というのは、通常は「飲みたい」という「欲求・欲望」に対する「意志の強さ」とか「忍耐」「我慢」の問題である、言い換えれば「テュモス」が主役になるような場面であるとされるかもしれませんが（作家・詩人たちはそう描くだろうと思います）、プラトンは「テュモス」を主役にはしていない、ということです。「テュモス」は、ここでは暫定的に、「主役を補助する」役割を与えられることになりますが（IV 439e-441c）、その「正体」は後に（VIII 548c-550b）明らかにされます。もう一つの布石は、こういう場面で本当は何が問題になるのかを正確に分析するための手立てが、（読み手の眼力によるところもあるかもしれませんが）それと分かるような仕方で示されている、ということです(9)。問題になるのは、私たちの意志とは無関係に生じてくる（例えば「のどの渇き」のような）身体的出来事とか（X 603d-604d における「息子の死」のような）外的出来事に対して、私たちがどう考えるかである、どうするのがよいと考えるのか、それが問題である、ということが極めて鮮明に示されていると思います（IV 439c-d）。

「魂の三部分説」をプラトンの（国家との類比による）思索の最終到達点であるかのように考えるのは、（おそらくは『国家』篇の全体を読もうとしないことに由来する）明白な誤りだと思います。「三つの部分」はどれも「自分の魂の一部」ですから、どの部分が主導したとしても、結局は「自分がやった」ということになります。そうすると、要するに「自分はそういう人間なのだ」という話でしかない、そういうことになりかねません（私と同じような年齢の、放送大学の学生さんたちと「意志の弱さ」をめぐる話をすると、こういう反応が返ってきたりします）。しかし、そういう話で終わるものではないというのが、『国家』篇における「人間とは何か」をめぐる議論です。

いずれにしても、プラトンが「人間の多面性」をどう捉えているのか、それを正確に見極めることが『国家』篇を読み解く一つの鍵になる、それは間違いがないと思います。しかし、問題はその先です。それ（人間は多面的な生き物であるということ）はどのような問題を生じさせるのか、そして、その問題はどのように解決できるのか、それを正確に理解すること、それが最終的に『国家』篇を読み解くことであると思います。プラトンは国家と人間の魂を単純に見比べて、ここが「同じ」とかここが「似ている」というようなことを言いたかった、ということはないと思います。プラトンはむしろ、比喩的表現を用いることに慎重であったように思います。Ⅸ巻の中程579cになってはじめて「内なる国制」というような表現を用いるようになるのですが（他にはIX 590e, 591e）、それは、問題の何であるのかがすでに十分明らかになったと考えたからではないかと思います。比喩を「方法」とするような考え方をしていたのであれば、たぶん、はじめから「内なる国制」というような表現を用いていたはずです。

第三章　問題を解く道筋

1　「正義とは何か」という問題

「魂の徳」としての正義

先に（第二章第1節）、『国家』篇全体は「正義が得か、不正が得か」という問いにどう答えるかを探究するものとして構想されている、と言いました。その問いに答えるためには「正義とは何か」を明らかにする必要がある、そして、その「正義とは何か」を明らかにするために、「国家の成り立ちと正・不正の由来」を解き明かすことから探究をはじめる、そういう手順がとられている、とも言いました。では、問題を解く鍵はいったいどこにどのように見出されることになるのか、その道筋を明らかにしたいと思います。

答えが求められている「正義とは何か」という問いは、Ⅱ巻の最初のところで、グラウコンとアデイマントスによってより限定されて、「正義は魂の内にあって、それ自体としてどのような力を持つものか」という問いとしていわば再提出されていました（II 358b, 366e, 367e）。このような「限定」は、「正義とは何か」という問いの射程をはじめから狭めるものである、答えとなるものの範囲があらかじめ限られることになるのだから、という批判もあるかもしれませんが、私はむしろ、二人の対話相手がソクラテスに対して強い要求を出していると解したいと思います。通常、正義というのは、グラウコンが一般の人々に代わって言うように（II 358e-359a）、「法律による（魂にとっては）外からの規制・強制」として理解されていると思います。「正義とはそういうものでしかないのか」という二人の問いかけに対して、ソクラテスは（というよりはむしろ、プラトンは）、はっきりと「そうではない」ということを示して見せなければなりません。これは、プラトンが自分に課したかなり重い課題であると言えるように思います。

背景にある考え方として、正義を「魂の徳」と考える古代ギリシアの伝統的な考え方があると思います。アリストテレスは、正義を法律と結び付けて考える一般の理解に沿って議論していますが、正義を社会生活を営む上での「徳の完成」であると位置付けています（『ニコマコス倫理学』第五巻第一章）。「正義の徳」を身に着けている人というのは、他人に対しては法に従うとともに平等に（また公正に）振る舞うことができる人のことである、アリストテレスはそう言っています。アリストテレスの考え方は、「徳の完成」と位置付ける点を除けば、現代の考え方に近いと言えるかもしれません。（「社会生活を営む上での」という限定付きとはいえ）「徳の完成」と位置付ける理由を、アリストテレスは明確に示しているとは言えないように思いますが、おそらくは、伝統的にそういう考え方があったものと思われます。確かに、「人間のあり方」として（あるいは「人間の魂のあり方」として）最終的に「正しい」とか「正当化できる」と考えられるような何かがあって、その何かは、間違いなく「正義」と呼べるようなものだとしたら、そういうものとしての「正義」は、人間の「徳」として「完成された」とか「究極の」と言えるようなものかもしれません。本当にプラトンがそういう答えを用意しているのかどうかを、これから見ていきたいと思います。

ところで、仮に前述したような、アリストテレス的な（現代風の）考え方がソクラテスが用意している答えだとすると、対話相手の二人は「なぜそのような徳を身に着けることが幸福につながるというのか、まったく分からない」と直ちに反撃するだろうと思います。(1) プラトンはその程度の話で決着が付くとはもちろん考えていません。それなりに手の込んだ手順が踏まれていると思います。まず、国家に目が向けられます。

構成員の一部だけが幸福であるというのではなくて、その全体が幸福であると言えるような国家こそが、最もすぐれた仕方で統治されている国家であり、真の意味で統一が実現している（本当に「一つの国家」と言える）ような国家である、そのような国家にこそ正義を見出すことができるのではないか、このように目星が付けられます（IV 420b-c, 423b-c）。問題は、どのようにして「真の意味での統一」が実現できるかです。全体のことを考えて適切に舵取りをする、そういう人間が（すぐれた仕方で統治されている）国家にはもちろん必要です。しかし、適切な舵取りというのは、もちろん、誰にでもできるものではありません。また、仮にすぐれた舵取りが現れたとしても、他の構成員が節度を欠き、分をわきまえない振る舞いをするという場合には、国家の舵取りがうまくいくはずはありません。このあたりが、国家の話の肝心な部分だと思います（IV 430e-432a）。すぐれた支配者が全体のことを考えながらすぐれた思慮・思案に基づく舵取りをしていて、被支配者の誰もが納得してそれに従っているというあり方が理想的です。それ故、そこに（国家における）正義を見出すことができるとして、いったんはそれ（国家における「正義の定義」）を暫定的に「誰もが自分の職分だけを果たして余計な手出しをしないこと」と言い表しています（IV 434a-d）。しかし、次に国家の話から人間の魂の話になりますが、人間の話の終わり近くになって「正義とは何か」の「真実」が述べられようとします（IV 443c-444a）。その直前に、この「余計な手出しをしないこと」というのは、実は「正義の影」にすぎないものであるとして、「正義の定義」は訂正されることになります（IV 443c）。この「訂正」の意味を明確にする必要があります。(2)

「魂の三部分説」

国家の話から人間の話になるところで最初に確認されるのは、国家を構成する「三種類の人間」に対応するものが、人間の魂にも見出せるかどうかです。しかしその考察に入る前に、ここでの考察は「取り敢えずのもの」であると前置きされています（IV 435d）。この後、国家との「類比」による議論によって「魂の三つの部分」が区別されることになるのですが、プラトンはそういうやり方で魂の成り立ちの話を終わらせることができるとは考えていない、ということだと思います。ここでの考察で重要なのは、「魂の三つの部分」を確定することではなくて、人間の魂は単純で一様な作りにはなっていない、複雑で多面的である、ということだと思います。つまり、人間は（あるいは、人間の心ないし魂は）多面性を有する、それが問題であるということです。私たちは、病気その他に由来する身体的出来事（としての「のどの渇き」）あるいは「友人の裏切り」「息子の死」等の外的出来事によって引き起こされる強い欲求・欲望あるいは怒り・悲しみ等の感情に翻弄される、ということがあります。他方で、それにどう対応するかを冷静に考えるということも、私たちには（場合によっては、簡単ではないかもしれませんが）できます。

それともう一つ、ここでプラトンが（何が問題であるのかを明確にするために）やっていることがあります。それは、「よい」を「欲求・欲望から切り離す」ということです（IV 437d-438a, 439a）。つまり、欲求・欲望というのは「よいもの」を「欲求し欲望すること」としてあるという一般的な了解を、ここでは議論の前提にしないということです。しかし、欲求・欲望からはぎ取ったその「よい」をどうするのか、どこにどう位置付けるのかについては、ここでは何も言われていません。ここでプラトンが「よい」について沈黙しているのは、それについて論じる場所が、別のところに見定められているからだと思います

（「別のところ」については、本章第３節でお話しします）。ここでプラトンが強調しているのは、魂の全体のことはもちろん、身体のことも含めて「考える・配慮する」というような働きというものがあって、そういう働きをするものこそが魂の全体を支配するのがふさわしい、ということです（IV 441d-442d）。そして、先取りして言えば、「よい」というのは、そういう「全体を支配し配慮する働きをするもの」とともにある、ということだと思います。

Ⅳ巻 439b-441c の例は、「のどが渇いていて水が飲みたいのだが、それでも飲むことを我慢する」という単純なものです。しかし、それだけに、論点は極めて明快だと思います。我慢するのは、「そうする方がよい」と思うとか考えるからだと思いますが、そう思えば（あるいはそう考えれば）すぐにそうできる、というものではありません。欲求・欲望が私たちを飲むことへと引きずっていくかもしれません。だから、魂の全体が一つになっていて、自分の思いとか考えに従うようになっていないと、飲むことを我慢するというようなことはそもそもあり得ない、これがこの箇所でプラトンが言おうとしていることの要点だと思います。「正義とは何か」という問いに対する（取り敢えずの）答えは、以上のような分析の結論として述べられています。

答えが求められている「正義とは何か」という問いは、プラトンの二人の兄によってより限定されて、「正義は魂の内にあって、それ自体としてどのような力を持つものか」という問いとして再提出されていると先に言いましたが、これに対する答えとして、Ⅳ巻443c-444aで、「正義とは、魂の一性の実現、魂の統一・統合のことである」と言われています。魂全体の舵取りをする部分に他の部分が従っている、そのようにして魂の全体が一つになっている、それが実現していることがすなわち正義である、そう言っていることになります。ここでは、そもそも「自分のすぐれた思いとか考えに従う」ということがあるためには何が必要となるのか（必要条件）が、鮮明な分析を通して明確に示されていると思います。すなわち「魂の一性の実現」が正義の必要条件である、それは分かる、そう私は言いたいと思います。しかし、なぜそれが「十分条件でもある」と言えるのか、それは（この前後を見る限りでは）どこにも示されていません。それにまた、どのようにして（あるいはどうすれば）魂の全体を、そのような条件を満たしていると確実に言えるようなものにできるのか、その点に関しても、この前後では何も述べられていません（先取りして言えば、これが、後にX巻603d-604dで補足されることになる点だと思います[3]）。

ところで、先に見た答えが（「正義とは何か」という問いに対する）「取り敢えずの答えである」というのは、ここでの「人間の話」（「人間の魂」をめぐる話、あるいは「人間とは何か」をめぐる話）は、最終的なものではないからです。この後、何が補足されることになるのか、それを正確に見極める必要があります（詳細については、第四章第2節・第3節でお話します）。それはまた、「別のもっと長い道」と言われる探究の道筋というものが、どのような探究を意味するものであるのかを、同じように正確に見極めることを要求するものでもあると思います。

2　「別のもっと長い道」

議論の前提

プラトンが「別のもっと長い道」と言っているのは、多くの研究者がたぶん想定していると思われる、「イデア論」がそうであるような「形而上学的議論」（例えば「時空を超えた、永遠の真実在」としての「イデア」をめぐる議論）のことではないと思います。Ⅳ巻末尾までの議論には（魂論、正義論を含む）いくつもの点で不足がある、話の全部を言い切ってなどいない、そうプラトンは言おうとしているのだと思いますが、それは「イデア論」が省略されているからではなくて、議論の前提に問題があるからだと私は考えます。

まず、「教育」の話に問題があると思います。ここまでの限りでは、（でたらめは正されることになっているとはいえ）「伝統的な教育」が議論の前提になっています。だから、作家・詩人たちが（限定付きですが）依然として権威です。実際には、教育のことは、Ⅳ巻を締めくくる部分では何も言われていません。一度だけ、Ⅳ巻441b-cでホメロスが引用されていますしかも、その箇所が何を描いているかを説明する文章に、「よい」という語が一度だけ登場します（「よりよい・より悪いをめぐって思考する部分が、訳も分からずに憤る部分を叱りつけているところだ」と言われています）。この前後で「よい」を使うと、それは「伝統的な教育」の文脈で言うことになる、だから、この前後では使わない、そういうことではないかと私は考えます。ところで、ここまでの限りでは、この「伝統的な教育」による以外に、「魂の統一」を実現するための（あるいは、「魂の統一」を実現して「正義の徳」を身に着けるための）手立てとして考えられるものは、何もないと思います。Ⅳ巻442e-443bに、「魂の統一」を実現しているとこの前後で想定されていると考えられる、「国の舵取りにふさわしい人間」の「生まれつき」と「育てられ方」への言及がありますが、この前後の話では、「国の舵取りにふさわしい人間」というのは、理想的な「生まれつき」を持ち理想的な「育てられ方」をしたというような、「特別な人間」であることが前提となっています。言い換えれば、私たちのような普通の人間は、どうやって「魂の統一」を実現するのかという話は、Ⅳ巻までの限りではまったくされていない、ということだと思います。

それともう一つ、決定的とも言える「省略」があります。「魂の三部分説」を図示しようとすると、楕円を一つ描いてその中を三つに分ける、そういう図を書くことになると思います。そうすると、「魂の一性」（魂が一つであるということ）が、いわばはじめから実現しているような図になってしまいます。「統一」が描かれているとは言えないかもしれませんが、問題の半分は（このような図が書けるのだとすると）解決済みとも考えられます。他方、第二章のはじめのところで言及した、Ⅸ巻末尾で描かれる人間像というのは、それとはまったく別のものです。「人間」と「ライオン」と「多頭の怪物」からなると言われています。全体が一つである（一人の人間である）というのは、そう見えるという（見かけ上の）ことでしかないとも言われています。「多頭の怪物」は「欲望」のことではありません。むしろ「怪物」そのものです（これについては、第四章第2節で改めて取り上げます）。人間の正体というのはそういうものである、プラトンはそう言っているのだと思います。それをどうやって一つにできるのか、どうやって「魂の統一」を実現できるのか、そういう話は、Ⅳ巻末尾までの限りでは何もされていない、だから、この前後の話は「近道」をしているにすぎないとされて、本当は「別のもっと長い道」があると言われることになるのだと思います。

ところで、「形而上学的議論」のような「回り道」をすることによって「正義の徳」を身に着けるというのは、(控えめに言っても)荒唐無稽《こうとうむけい》な話のように思われます。しかし、どうやるのかを別にすれば(本当はそれこそが問題だと思いますが)、「魂の統一」を実現して「正義の徳」を身に着けるというのは、かなり見込みのある話ではないかと思われます。そういう話になるはずの「別のもっと長い道」の話というのは、理想的な「生まれつき」を持ち理想的な「育てられ方」をしたというような、「特別な人間」の話ではなくて、「生まれつき」は(いろいろあると思いますが、それは)ともかく、私たちと同じように普通の「育てられ方」をした普通の人間の話になるはずです。その話はこれからはじまると、「太陽の比喩」のいわば「前口上」が述べられる少し前の箇所(Ⅵ 504b-d)に、明確な「道しるべ」が記されています(そこで、Ⅳ巻 435d で言われた「別のもっと長い道」のことがわざわざ思い返されているからです)。この前後は、いわゆる「哲人王」の考え方が展開されている部分ですから、ここも「特別な人間の話」の続きでしかない、と思われるかもしれません。しかし、少なくとも「洞窟の比喩」は、間違いなく私たちと同じような、「普通の育てられ方をした普通の人間」の話をしていると考えられます。なぜなら、「洞窟の比喩」で問題になっているのは、私たちがそうであるような、「無知と思い込みの内に閉じ込められている囚人」であると、はっきり告げられているからです（VII 514a-515c）。

「洞窟の比喩」

「洞窟の比喩」（VII 514a-521b）は、細部に囚《とら》われると、全体が見えなくなると思います。「洞窟の比喩」が言っているのは、㈠私たち人間は、真実から遠く離れた無知と思い込み（VII 516d）の内に閉じ込められている「囚人」である、そして㈡この惨状から私たちを救うことができるのは、哲学だけである（VII 515c-521b, 521c）、大摑《おおづか》みに言えば、この二つだと思います。ここで、哲学者になると言われているのは、（私たちと同じ「普通の人間」である）「囚人」の誰かです。そして、その哲学者になる「囚人」の誰かは、「縛《いまし》めを解かれて、強制的に引きずっていかれる」と言われています（VII 515c-516a）。もしかすると、この表現はプラトン自身の「ソクラテス体験」を表しているのかもしれません。いずれにしても、これが「魂の向け変え」として語られる「教育」（の最初の部分）なのですが、プラトンはその（「魂の向け変え」として語られる）「教育」の全体が「哲学」であると「洞窟の比喩」で言っている、疑う余地なくそういうことになると思います（VII 518b-521c）。そして、そのような「教育」の最後に学ばれるものとして「善のイデア」がある、と言われているのですが（VII 517b-c）、これをどう理解するかについては、この後これに続く節（本章第3節）でお話することにします。また、「哲学とは何か」に関連する（方法をめぐる問題その他の）問題に関しては、本章第4節で取り上げます。その前に、ここでは次の二点を確認しておきたいと思います。

第一の点は、哲学によって「魂の向け変え」がなされるのでない限り、私たちは誰もが（たとえ理想的な「生まれつき」を持ち理想的な「育てられ方」をした「特別な人間」といえども）「囚人」であり続ける以外にない、ということです。「洞窟」は私たちが生きる日常の世界であり、「囚人」はそこに生きる私たち自身のことです。特別な「育てられ方」をした「特別な人間」も、そういう人間（すなわち「囚人」）であることに変わりはありません。

第二の点は、哲学者と「囚人」の違いというのは、「魂の向け変え」としての「教育」を受けたかどうか、その違いだけである、それ以外には何も言われていない、ということです。言い換えれば、「魂の向け変え」としての「教育」と「伝統的な教育」は違う、それが問題である、ということです。当然、特別な「育てられ方」をした「特別な人間」であったとしても、受けた教育は（Ⅳ巻までの「教育の話」の限りでは）「伝統的な教育」以外のものであったはずはないと思います。そして、二つの「教育」は、どこかまでは重なる、というようなものではないと思います。両者の「善」（あるいは「よい」）をめぐる考え方はまったく異なる、そう考えられるからです。

ところで、以上のような主張は、保守的な人の目には危険なものと写るかもしれません。マーク・トウェイン（1835-1910）という、アメリカを代表する（と間違いなく言えるような）大作家が晩年になって、人間は自分の意志など持っていない、生まれつきの気質と外から与えられた教育によって操られながら欲望を満たすために動くだけの機械にすぎないという、ひどく悲観主義的な人間観を公表しようとしました（*What is Man?*, 1906）。しかし家族が反対したので、最初は匿名で出版したという話が伝えられています。家族が心配したのは、これを読む人たちが自分たちを見くびっていると考えて反感を抱くのではないか、というようなことだったかもしれません。プラトンの場合には、見方によっては、ひどくあからさまに一般大衆の考え方、特に一般大衆による「教育」（この場合はとりわけ、「善」すなわち「よいもの」をめぐる考え方）を全面的に否定して（VI 492a-493d）、新しい

「教育」を提唱しようとしている、そう見なされることになると思います。「洞窟」の「囚人」である私たちは、一般大衆による「教育」を、そして「よいもの」「美しいもの」「正しいもの」をめぐる「多数者の通念」を、受け入れる以外にない（VI 492a-493d）、あるいはむしろ、受け入れるが故に「囚人」になる、プラトンはそう言っていることになると思います。それが、一般大衆による「教育」の実質的な中身である、そこから抜け出すためには「魂を向け変える」必要がある、そして「よい」をめぐる考え方を根底から改める必要がある、プラトンはそう言っていることになります。これはかなり危険な考え方であると見なされるかもしれません。民主制下においても、あるいは民主制下にあるからこそ、保守派が台頭する時節には、本当のところ何が起こるか分かりません。ソクラテスが死に追いやられた（399 BC）とか（プラトンからすれば、後の時代のことですが）アリストテレスがアテナイを追放された（323 BC）というようなことは、そういう状況下で起こりました。プラトンはそうした危険を避けるために、何か工夫をする必要があったのではないかと思います。

工夫の一つは、青年時代の二人の兄（プラトンとはかなり年が離れていると考えられます）を登場させて、かなり昔の話にしている、ということかもしれません。古き、悪しき時代

（「直接民主制」の弊害が顕著になった時代とされます）の考え方を批判的に検討しているだけである、と言えるようにするためです。もう一つは、理想主義の立場から「理想国家」の話と（その話とのつながりにおいて）「哲人王」の話をしていると「見せる工夫」をしている（国制の話は意味のない「見せかけ」でしかないと言いたいのではありません）のではないかということです。そして、前者はともかく、後者の工夫はものの見事に成功した、ということかもしれません。

この前後は、「理想国家」をどう作るかという制度（国制）の話に戻って、制度の話の最後に「哲人王」の考え方が提出される（V 473c-d）という展開になっています。その「支配者となるのにふさわしい哲学者をどう作るか・どう教育するか」という話である、一般の読者の目には、あるいは荒唐無稽・奇想天外と映るかもしれない（そうでもないかもしれませんが、いずれにしても）「理想国家」とその国制の話である、そう「見せる工夫」をしているということは、（実際にずっとそういう仕方で読まれてきているわけですから）間違いがないと思います。書名を『国家』としたのも、主要な理由は、その「工夫」の仕上げにあったのではないかと私は推測しています。(4)

3　「実践優位」の考え方

理論と実践

「洞窟の比喩」の話は、日常を生きる私たち人間の話です。私たちは「無知と思い込み」の内に閉じ込められている「囚人」である、それは私たちが、多数者が受け入れている思い込み（日常の行為を導く思いとか考え）を、自分も受け入れることからはじめる以外にないからです。哲学はその思い込みを「批判的に吟味し論駁する」ことによって、強制的に（VII 515e）「魂の向け変え」を実現する、それが私たちを救う唯一の手立てである、そう言われているのだと思います。強制するのはいったい誰なのかということについては、何も言われていないのですが、間違いなくソクラテスがプラトンの念頭にはあったものと思われます。プラトンにとって「哲学者」とはソクラテスのことであり、そして「哲学」とはそのソクラテスの「論駁」という方法による批判的営みのことである（VII 534b-c, 538c-539d）、この確信に少しでも変更が加えられることはなかったと思います。

そのソクラテス・プラトンの考え方の基本は、アリストテレスとは違って、「実践優位」

の立場に立つということだと思います。アリストテレスにとって哲学は「理論的研究」であり、「理論的研究」の最上位が「形而上学」（アリストテレスの言う「第一の哲学」）でした。他方、プラトンにとって哲学は、数学とか幾何学といった理論的研究の上位に位置するものでした（VI 511b-e）。それは、実践（行為）においては「理論とか体系に相対的な真理」が問題になる（理論とか体系に依存する「相対的な真理」を求めて思案する）のではないからです。行為の「善」（そうするのが「よい」という場合の、その「よいということ」）をめぐる判断に関しては、「相対的な真理」「相対的な価値」では誰も満足しない、「絶対的に真であること」「絶対的な価値」（そうするのが本当に「よいということ」）が求められる、これが「太陽の比喩」と「線分の比喩」が言おうとしていることの概略だと思います。

プラトンが「哲学」と言っているのは、例えば『クリトン』における具体的な行為（ソクラテスは逃亡すべきか牢獄にとどまるべきか）をめぐる議論あるいは『国家』における正義をめぐる議論が、その具体例ということになると思います。しかし、対話篇そのものは（当たり前ですが）「書かれた文字」でしかなくて「生きた対話」ではありませんから、本当はそこに「哲学」を見出すことはできない、そう言わなければならないと思います。むしろ、私たちが対話篇と向き合って格闘しているところにたぶん見出すことができる、と私は言いたいのですが、ここでは便宜的に、対話篇における「対話」に「哲学」を見出すことができるものとして話を進めることにします。

さて、『クリトン』において答えが求められているのは、いったいどのような根拠に基づいて、ソクラテスはクリトンの（逃亡を助けるという）申し出を退けるのかである、そう言えると思います。自分の生死がかかっている判断の「最終的な根拠」となるものに疑問の余地・再考の余地があるというのは、言うまでもなく望ましいとは言えません。そういう余地がないところまで徹底的に考え抜くこと、当然のこととして、それが要求されると思います。『クリトン』とか『国家』における対話による議論というのは、そのような考察の見本のようなものだと思います。そして、それが「哲学」であり、対話を離れたどこかに（例えば「イデア論」のような）「哲学」がある、ということではないと思います。二つの対話篇に描かれているのは、理論的な考察とか探究（の一部分）ではありません。むしろ、ソクラテスの生死がかかっている判断というのがその一例であるような、実践（行為）をめぐる判断の「最終的な根拠」をめぐる考察（の重要なある部分）である、ということだと思います。そして、このような実践（行為）をめぐる判断に対する「絶対性」の要求は、理論的な探究に関わる認識をめぐる判断に対するそれよりも一段階レベルが高い、そうプラトンは「線分の比喩」の核心をなす部分（VI 510b-511d）で主張しているのだと私は考えます。それをここでは、「実践優位」の考え方と呼ぶことにしたいと思います。

このような考え方があることを、私はグライスから学びました[5]。アリストテレスは、プラトンのこのような考え方に反対して（ということだと思います）、「行為」よりも「活動（エネルゲイア）」の概念の方がより上位の概念である、「行為」は人間のすること（すなわち「活動」）の一部でしかない、と「行為」を下位概念と位置付けて、日常の煩わしい政治その他の俗事に関わる生活を捨てて、すぐれて「人間的」と言えるような「活動」と自らが位置付ける、「思考活動」に専念する研究生活を選択することに「人間の幸福」を見出すことができる、としました（『ニコマコス倫理学』第十巻第七章）。

行為の目的

「実践優位」の考え方に立つプラトンの「善」と「幸福」をめぐる議論は、単純ではありません。もっとも、「哲学者（ソクラテス）こそが幸福である」と言おうとしているのですから、話が単純であるはずはありません。プラトンの議論は、行為における「目的」の分析からはじまっているのだと思います。そして、「太陽の比喩」は、その「目的」の話をしているのだと思いますが、これにはその伏線と見なすべき議論が『ゴルギアス』にあります。

『ゴルギアス』467c-468c において、プラトンは「行為の目的」をめぐって極めて抽象度の高い（これが、プラトンのプラトンらしいところだと私は思います）議論を展開しています(6)。そこではまず、「行為」と、通常「行為の目的」と見なされる、健康・財産・知恵といったさまざまな「よいもの」（中性・複数形で言われます）が区別されます。この場合、行為は、「目的」とされる「よいもの」（のどれか一つ）を手に入れるための「手段」と見なされることになり、手段として「よい」ことも「悪い」こともあるようなもの（あるいは、そのどちらでもないもの）ということになります。次に、そうしたさまざまな「よいもの」のどれか、というのではなくて、そういう「よいもの」とは別に、行為において「常に目指されている」（とプラトンが考える）、その（自分が選択しようとしている）行為の「善」（中性・単数形です）、すなわちその行為が「よいということ」が「行為の目的」である、と言われます。つまり、私たちは何をするのであっても、そうするのが「よい」と思ってそうするのだが、その「よいということ」を、私たちは常に「行為の目的」としているのだ、というのがプラトンの考え方です。

この場合も、「行為」と「行為の目的」は区別されますが、その目的というのは、行為とは「別の何か（よいもの）」というのではなくて、その（自分のしようとしている）行為が「よいということ」です。「別の何か」は、ときと場合によっていろいろですが、この「よいということ」というのは、「常に同じ」と言われています（468b）。

そして、『ゴルギアス』のこの議論は、『国家』において「善のイデア」にはじめて言及される箇所（VI 505a-506a）に、間違いなく受け継がれていると私は思います。「善のイデア」について、「それこそが学ぶべき最大のものである」とⅥ巻505aで言われますが、その少し後のⅥ巻505eで、『ゴルギアス』における「行為」と行為において常に目指されている「行為の目的（よいということ）」の区別に話が及びます。そして、私たちは何をするのであっても、そうするのが「よい」と思って、その「よいということ」を求めて、そうするのだが、その「よいということ」に関しては、（Ⅵ巻505dで言われていることを踏まえれば、「正しい」とか「美しい」の場合とは違って）そう見えるとか思われるということでは誰も満足しない、実際にそうであること（すなわち、その行為が本当に「よいということ」）を求めるのだ、と言われています。これが、行為の「善（よいということ）」をめぐる判断に関しては「絶対的に真であること」「絶対的な価値」が求められる、という（「太陽の比喩」と「線分の比喩」が言おうとしている）「実践優位」の考え方を、実質的に説明するものであると私は思います（「太陽の比喩」をどう理解するかをめぐっては、次節の最後のところで、もう少し付け加えることがあります(7)）。

Ⅵ巻505dで言われているのは、正確には、（いずれも複数形で）「正しいもの（こと）」とか「美しいもの（こと）」（「こと」というのは、個々の行為を表すものと考えてください）の場合はそう見えるとかそう思われるということで人は満足するのだが、「よいもの（こと）」の場合はそれでは誰も満足しない、実際にそうである（本当に「よいもの（こと）」である）ことを求めるのだ、ということです。これは、「洞窟」の「囚人」である私たちをはじめとして、誰もが「そうである」ことを求める、という意味だと思いますが、「囚人」である限り、私たちにそれを実際に手に入れる手立てはありません。唯一の手立ては、プラトンがそれを「哲学」と呼んでいる、「よいということ」の真実を求める探究としての「魂の向け変え」である、プラトンはそう言っているのだと思います。しかし、具体的にそれがどういう手立てなのか、それについては何も言われていないではないか、と不平を言う人がいるかもしれません。確かに、何も言われていないように見える、ということはあるかもしれません。いずれにしても、探さないと答えは見つからないと思います。答えを探して『国家』を最後まで読むと、答えは必ず見つかります。

4　哲学をめぐる問題

哲学者の規定

さて、対話を離れたどこかに「哲学」があるということではない、先にそう言いましたが、「哲学」と「哲学者」についてどのような考え方がされているのか、少し詳しく見ておきたいと思います。最初に取り上げるのは、Ⅴ巻474bからはじまってⅥ巻487aまで続く、「哲学者の規定とイデア論の最初の提示」の箇所ですが、「哲学者の規定」に関しては、以下に言う、二つのポイントがあると思います。

一つは、ここで述べられている「哲学者は（例えば）美そのものと多くの美しいものとを混同することがない」（Ⅴ 476c-d）というような「規定」というのは、哲学者であるための必要条件（の一つ）でしかない、ということです。もう一つは、「哲学者は学問好きでなければならない」とか「記憶力がよくて、けち臭くなくて、下品でもなくて等々」という話（VI 485a-487a）も、哲学者の必要条件を述べているのですが（この場合はVI巻486eに、必要条件であることについての明確な但し書きがあります）、ここで述べられている条件というのは、生まれつきとか自然的素質以外ではない、ということです。

前者の「規定」は、ソクラテス的な「何であるか」の問いが最初にその区別（例えば、美そのものと多くの美しいものとの区別）を確認するところからはじまる、いわばソクラテス的な探究の基礎と言うべきものだと思います。プラトンはここで、哲学者というのはソクラテス的な探究に従事する者のことであると言おうとしているのだと思いますが、どうすればその哲学者になれるのかという話は、ここにはありません（それは、「洞窟の比喩」で言われることです）。後者の「規定」、生まれつきとか自然的素質の話も、それなりに意味のあるものかもしれませんが、生まれつきとか自然的素質がどれほどすぐれていても、そのことによって哲学者になれるというわけではありません。むしろ、生まれつきとか自然的素質が人並み外れてすぐれていたりすると、もっと世の中がもてはやすような（哲学者以外の）何かになるのが普通ではないかと思います（VI 494a-d）。

また、「イデア論の最初の提示」に関しては、㈠ソクラテス的な「何であるか」の問いが求めているもの（問いの答えになるもの）が「イデア」とか「エイドス」と呼ばれるものであるということ、㈡それ（その答えになるもの）は「常に同じ一つのもの」であるということ（V 479a）、この二つが重要だと思います。『国家』では「正義とは何か」が問題になっているわけですが、その答えとなるものは地域とか文化が違えば違ってくるというようなものではないと、この前後でプラトンは明言していることになります。

「対話」という方法

もう一箇所、Ⅶ巻の 531c-535a を見ておきたいと思います。この箇所で言われているのは、「哲学」の方法とはどういうものか、だと思います。それは「ディアレクティケー（*dialektike*）」とか「ディアレゲスタイ（*dialegesthai*）」と呼ばれているのですが、要するに、「論駁」という「ソクラテス的な対話」による探究のことを指しているのだと思いま す。それは本当に「方法」と言えるようなものなのか、と疑う人もいるかもしれません。「方法」であるかどうかは別として、プラトン（その前にソクラテス）が「対話」にこだわった理由は、二つあると思います。一つは、哲学は一人ではできない（一人でやってはいけない）、ということです。一人でやろうとすると、「思い込み」の内に閉じこもることになります。自分の考えを批判してくれるような仲間（対話相手）がいることが必須です。

二つ目は、できれば指導者になってくれるような人がいた方がよい、ということです。指導者がいないと、探究はともするとと「闇雲」になってしまいがちです。考える方向が間違っていて成果もないのに、それが分からないから、今やっていることにいつまでもこだわって時間を無駄にする、そういうことになりがちです。もちろん、適当な指導者がいない場合もあります。そういう場合には、指導者の代わりになるような、すぐれたテキストがあればよいのですが、あるとは限りません。プラトンは、「書かれた言葉」は「語られた言葉」に比べて価値がないかのような言い方をしていますが（『パイドロス』278c）、「語られた言葉」にも大いに危ういところがあると思います。「理解した（あるいは理解された）と思ったのは幻想でしかなかった」というようなことは、まれにしか起こらない、などということはありません。また、「書かれた言葉」は役に立たないということも、もちろんないと思います。プラトンは、「書かれた言葉」が時には指導的な役割を果たすことがあるということを、いくらか遠慮気味にではあるかもしれませんが、明確に言っていると思います（『パイドロス』276d）。

ところで、「方法」という点に関しては、「ソクラテス的対話」というのは「正義とは何か」とか「善とは何か」といった「何であるかを問う」問いを推進力とする、「最終的な根拠」をめぐる探究のことである、そしてその「最終的な根拠」というのは、実践（行為）をめぐる判断の「最終的な根拠」のことである、この二つを見失わないようにすることが重要だと思います。そしてその上で、そういう「最終的な根拠」をめぐる探究を、簡単に実施できるようにする「方法」というようなものは、そもそもあり得ない、と言わなければならないと思います。

ソクラテス・プラトンの哲学のやり方は、私たちの日常の行為を導く日常の思いとか考えに密着して、それを分析・批判する、これが「論駁」ということだと思いますが、それを出発点とするものだと思います。私たちの日常の思いとか考えを、研究者とか専門家の立場から、理論とか体系の構築を前提にして研究対象とするというのではなくて、同じ日常を生きる一人の人間として、同じ思い・考えを維持・共有できるのか、それともできないのか、維持する場合にはどうなるのかを問題にする、そういうやり方をするということです。だから、アリストテレスがやったように、原因論・存在論を理論として厳密・精緻に構築するために専門用語を駆使するというやり方は（形而上学的研究としては、言うまでもなく、意味のあるものだと思いますが）、日常を重視する（あるいは、日常の実践を優先させる）立場からは、採用できない、ということになります。哲学は本来、そういう形而上学的研究とは無縁の営みであるという意味ではありません。哲学的課題として何が優先するか、という話です。プラトンが数学や幾何学の上に哲学を位置付けたのは、アリストテレスがそう考えたように、本来の哲学を理論的研究としての形而上学の一種と考えたからではありません。プラトンにとって哲学は、ソクラテスにとってそうであったように、私たちの日常の振る舞い・行為を導く日常の思い・考えを問題にするものであったと思います。それが何を意味するのかが問題です。

はっきりしているのは、先に言ったように、私たちは何をするのであってもそうするのが（その行為が）「よい」と思ってそうするのだが、その場合のその「よい」が問題であるということ、そしてその場合に、私たちはそう思われる（「よい」と思われる）ということでは満足しない、それが（そうするのが）本当に「よい」かどうか、その真実を問題にする（その真実を知りたい）ということ、この二つです。もう一つ付け加えれば（これが「太陽の比喩」が言おうとしていることだと思いますが）、その「よいということ」の真実をめぐる探究が私たちを導いて、終《つい》には、私たちに「最終的な根拠」についての「知識と真理」をもたらすことがあるかもしれない（VI 508e-509a）、ということだと思います。

この場合の「知識と真理」というのは、特定の理論とか体系を前提にして、それを受け入れる場合には知識であり真理であるというような、理論とか体系に相対的な知識・真理ではない、というのがプラトンの考え方だと思います。そういう意味で、哲学は理論的研究ではないとプラトンは考えていた、と思います。（自分のであれ、誰のであれ）特定の哲学者の形而上学的理論とか（アテナイのであれ、どこのであれ）特定の文化・社会の倫理的大系を前提にしない、これはソクラテス・プラトンにとって哲学の基本だと思います。『パイドン』の形而上学的議論をどう理解するかという問題は、取り敢えず脇に置くとして、数学とか幾何学といった「厳密な学問」の「構造」という問題については、おそらくは、アカデメイアの中でかなり議論が進んでいたのではないかと思われます。(8) もちろん、「理論とか体系に相対的な真理」というような言い方をプラトンはしているわけではありませんが、言いたいことはそういうことではないかと思います。

第四章　問題はどう解かれたか

1　哲学者と国家

「哲人王」の教育

第三章第1節で取り上げた「正義とは何か」という問いに対して、最終的な答えはまだ得られていません。それに、「正・不正と幸・不幸」という話は、ほとんど手つかずの状態です。しかし、「正義」をめぐる問題に入る前に、ここで注意を向けておきたいことがあります。それは、V巻473c-dで「哲人王」の考え方が表明されて、「哲学者が国家の支配者（導き手）になるのでなければならない」と言われますが、少なくとも、それ以前の箇所で「国家の支配者（導き手）」として描かれている（想定されている）人たちというのは、哲学者ではないということです。国家の支配者（導き手）となるのにふさわしい、すぐれた能力・素質を持つと想定されている（III 412b-414b）この人たちは、国家による教育（II 376e-III 412b, V 451c-457b）と国制の縛り（III 415d-IV 421c, V 457b-471c）によって、「特別な人間」に仕立てられることになりますが、はじめから哲学者になる定めにある、というようなことはありません。

他方、すでに確認したことですが、「洞窟の比喩」において、哲学者になるべく「縛めを解かれて引きずっていかれる」（VII 515c-516a）のは、国制の縛りによって作られた「特別な人間」の誰かではなくて、私たちと同じ「洞窟の囚人」の中の誰かです。そして、哲学者になるために「必要かつ十分」な教育というのは「魂の向け変え」のことである、そう言われているのだと私は理解します（VII 518b-519b）。「すぐれた素質を持つ者に哲学することを、そして善のイデアを見ることを、強制しなければならない」とも言われています（VII 519c-d）が、「すぐれた素質を持つ者」というのは、あるいは国制の縛りによって作られた「特別な人間」を含むのかもしれません（VII 520b-c）が、「洞窟の囚人」の中の誰かかもしれません。たぶん、哲学教育を受けた人間であれば誰でもよい、ということだと思いますが、もちろん、哲学者であれば誰でもすぐれた支配者になれる、と言いたいのではないと思います。哲学者であることは必要条件であると言っているのだと思いますが、十分条件でもあると言っているわけではありません。当然、実務経験が必要になります（Ⅶ巻539e-540aには、十五年の実務経験が必要、とあります）。加えて、萌芽的なものとしてであれ、政治学や経済学の類いがあれば、そういうものも学ばなければならないとされるかもしれません。もしかすると、その類いのものは、哲学の一部とされるのかもしれません。(1)

しかし、繰り返しになりますが、プラトンは、哲学者であれば誰でも支配者にふさわしい、と言っているわけではありません。オックスフォードにＰＰＥという文系の人気コースがあります（今では、英語圏の多くの大学が採用している標準的なコースの一つになっているようです）。一九二〇年代に、国家にとってあるいは社会にとって有為な人材を作ることを目的として作られたこのコースは、哲学と政治学と経済学を学ぶためのコースです。イギリスでは、このコースを卒業して下院議員になった人が何人もいます（首相も何人か含まれています）。あるとき、大学が出している雑誌が特集を組んで、「（他のコースの卒業生も含めて）こんなにいるよ」と、胸を張って見せました（*Oxford Today*, vol. 23, no. 1, 2010）。しかし、次の号に卒業生の意見が載っていて、「ろくなのいないじゃないか」とあっさり一蹴《いっしゅう》されてしまいました。もちろん、哲学、政治学、経済学を学んだからといって、それで十分というわけにはいきません[2]。

一方の、国制の縛りによって作られる「特別な人間」の選抜に関しては、試練を与えてよく観察しなければならない、というようなことが言われています（III 412b-414b）。彼らはもちろん「エリート」ですが、その彼らに対しては、私有財産の所有を禁止する（III 416c-417b）とか婚姻・子作り・子育ての規則を厳格に定める（V 457c-466d）といった、（要するに「不正をさせない」ようにするための）縛りを課すことが、細部にわたって述べられています[3]。しかし、どれほどの試練を課しても、すぐれた能力・素質を持つ人間は、それを簡単に乗り越えて見せるでしょうし、同時に「猫をかぶる」というようなこともあっさりできてしまう、そういうことがあるかもしれません。また、不正をさせないための厳格な縛りをどれほど用意しても、すぐれた能力・素質を持つ人間は、望んだ権力をついには手に入れて不正をする機会を目の前にすると、そういう縛りの効力を見事に消して見せる、というような離れ業を平気でするかもしれません。国制の縛りの類いは、不正をさせないようにするための最後の「砦《とりで》」にはなり得ない、「砦」になり得るのは「魂の向け変え」を実現する哲学だけである、プラトンは「国家の導き手は哲学者でなければならない」と言うことによって、そう言おうとしているのだと思います。では、なぜ哲学は魂に「砦」を築くことができるのか、この問いに対しては、この後の第3節で答えることにしたいと思います。

哲学と国制

ところで、この「国制によって作られる人間」と「哲学者」の対比は極めて鮮明ではないでしょうか。そして、哲学者が支配者にならなければならないというのは、国制の縛りによって作られる人間は、支配者にふさわしい人間ではない、本当の意味で支配者にふさわしい人間を国制の縛りによって作ることはできない、プラトンはそう言おうとしているのだと私は考えます。なぜなら、人間は「多頭の怪物」という一面を持つからです。私有財産の所有を禁止するといった、不正をさせないための手立てをどれほど講じても、支配の任にある者は、自分自身のあり方を自ら変えることによって（それが「魂の向け変え」ということだと思います）不正をしない人間になるのでなければ、不正をする機会がたまたまないというような、よほど幸運な生涯に恵まれるのでない限りは、欲望に負けてあるいは誘惑に負けて、いつか必ず不正に手を染めることになる、「多頭の怪物」の正体とはそういうものだと思います(4)。

そもそも、国家が制度の縛りと国家が認める教育によって「人間を作る」という話と、哲学によって「人間を作る」という話は、まったく別の話だと思います。しかし、プラトンは「哲人王」という考え方を提示して二つを結び付けることによって、二つの違いを見えにくくしたと私は考えます。おそらくは、意図的にそうしたのではないかと思います。二つの違いを先鋭化して、一方を否定するかのような印象を与えることは、結果としてソクラテスに死をもたらすことになったと考えられる、ある危うさの元凶《げんきょう》となるものを自ら作り出すことになるからです。「哲人王」というアイデアは、それを避けるための工夫ではなかったか、と私は考えます。

ところで、『第七書簡』の著者にとっては、「思慮を身に着けて正義の生を送る」というのは「ある種の感化による教育の成果」としてもあり得る、ということのようです(335d-e)。これは、『国家』の著者が言おうとしていることとは、ひどくかけ離れていると思います。「思慮と正義において卓絶した」と言われるような人間(ソクラテスのことを、『パイドン』を締めくくる一文でプラトンはそう表現していました)、そういう人間を「国制の縛りによって作る」ことはできない、『国家』篇でプラトンはそう言っているのだと私は思いますが、「感化による教育」の類いによって作ることも、やはり同じようにできない、そう言わなければならないと思います。『第七書簡』は間違いなく偽書だと思いますが、私がそう思う最大の理由は、『第七書簡』の著者にとっては教育の話(「人間を作る」という話)が哲学とは切り離して考えることができるかのようになっている、ということです。『第七書簡』の著者が哲学的探究の例として挙げているのは、幾何学の対象であるはずの「円」という奇妙なものです(342b-343a)。『国家』篇の著者であれば、理論的研究と哲学を混同するようなことはしないと思います。[5] その『国家』篇の著者にとって哲学は、先に見たように、「人間を作る」という話の中心にあります。もしかすると、プラトンが書名を『国家』としたのは、哲学の対極に国家(ないし国制)を置いて、双方における「人間を作る」という考え方の違いを暗に示すためであったのかもしれません。

2 「複雑で多面的な生き物」

悪徳の種類

確かに、国家（国制）はもちろんですが、人間も「作られる」ものかもしれません。他方で人間は、ある意味では、「自分で自分を作る」と言えるような一面を持つようにも思われます。もちろん、「作られる」という一面もあると思います。環境の違いによって、あるいは教育の違いによって、人間は変わるものである、私たちはそう考えていると思います。いずれにしても、国家（国制）も人間もいろいろです。それは、人間は単純で分かりやすい生き物などではない、いろいろである、複雑で多面的な生き物である、ということです。

その「人間の多面性」の分析、とりわけ「悪徳の種類」を見極めるというのが、Ⅷ巻二章からはじまる議論の目的だと思います。「徳の種類は一つだが、悪徳の種類は無限にある、しかし、見るに値するものは四つである」と言われていました（Ⅳ 445c）。だから、その四つ（四つの対応する国制と人間のあり方）をよく見なければならない、とソクラテスが言っていたとグラウコンが言うところから、話ははじまっています（VIII 544a）。

　さて、国家（国制）と人間の「あり方」の違い（分類）を論じるⅧ巻からの議論をはじめるに当たって、プラトンは「エートス（*ethos*）」という語を用いています（VIII 544e, 545b）[6]。「エートス」は「性格」とか「習慣」を意味する語ですが、ここでは「あり方」と訳すことにします。少なくともⅧ巻二章からⅨ巻三章までの議論については、それを一つながりの議論と見て、全体を「悪徳論」としての「エートス論」と捉えることができると思います。そして、この間の議論を特徴付けているのは（その主要な部分に関しては）「実証性」ということだと思います。現実の国家（国制）と人間のあり方という「事実」を根拠にして、それを「支配のあり方」とか「教育のあり方」といった視点から分析しかつ整理する、というようなことをしているのだと思います。ここでは人間のあり方をめぐる話に限定して、プラトンが何を問題にしようとしているのかを、まずは見定めることにしたいと思います。

　ところで、Ⅷ巻二章からⅨ巻三章までの議論においてプラトンがしなければならないことが、もう一つあります。それは、私たちを「支配するもの・動かすもの（そういう可能性のあるもの）」を確定することです。Ⅳ巻の議論においては、「国家との類比」によって魂に「三つの部分」があるとされて、その限りで暫定的に、私たちを「支配する可能性のあるもの」として、その一つは「理知的部分、あるいは知恵・知識・思慮の類い」、二つ目は「テュモスの部分、あるいはテュモスそのもの」、そして三つ目は「欲望的部分、あるいはもろもろの欲求・欲望の類い」とされていました。[7] これを「実証的な分析」を通して確定する必要があるということです。Ⅷ巻二章からはじまる議論において、プラトンは、「テュモス」が支配する人間を「名誉支配制的な人間」、「欲求・欲望」が支配する人間を「寡頭制的な人間と民主制的な人間と僭主制的な人間」として分類整理していますが、これを（Ⅳ巻における）「類比」による議論の延長と見てしまうと、プラトンが何をやろうとしているのかは完全に分からなくなると思います。

「エートス論」としての「実証的な分析」の基本的な視点は、「個々の人間を支配するものは何か」あるいは「何によってそれぞれの人間は動かされるのか」だと思います。結局、人間を支配する可能性のあるものは、三つあるとされて（IX 581c）、「魂の三部分説」の考え方がいわば追認されることになるのですが、重要なのは、単純に「三部分説」として追認されるのではない、ということです。「エートス論」の部分は、この後の「人間とは何か」という話を準備するためのものだと思います。どのような準備がされているのかを、次に見ておきたいと思います。

まず、「テュモス」ですが、「テュモス」の正体というのは、全体を支配することがあるようなものではあるが、全体を支配はしても全体のことを配慮したりはしない、そういうものだと思います。もちろん、名誉支配制的な人間と見なされ得るような人であっても、すぐれた思慮・知識を持つと考えられる人はいます。すぐれた運動選手の多くは、たぶんそういう人であると思います。すぐれた指導者・教育者にめぐり会ったとか、目指す目標が高いので（あるいは、常に注目される立場にあるので）自分をコントロールする必要があったとか、思慮を自ら養うようになるきっかけはいろいろあると思います。しかし、もちろん、そういうことができる人ばかりではありません。結果として思慮が欠けているような人は、場合によっては不正をするかもしれません。それを思いとどまるようにさせるものは、不名誉の誹《そし》りを招くことになるかもしれない、という恐れだけのようにも思われます。

他に、一時的にではあるとしても、私たちを支配することがあるようなものとして「欲求・欲望の類い」と「感情の類い」があると、たぶん私たちは言うと思います。プラトンは「感情の類い」を特に取り上げていませんが、X巻の例は感情です（これについては、後で詳しく見ることにします)。また、ここで「欲求・欲望」を名前として用いているのは、単にそれが「最も主要で強力なもの」だからであると、少し後で言っています(IX 580d-e)。そして、この類いのものを「一つ」のまとまりを持つものとして捉えることはできない、この点が問題である、ということを言っています。「三部分説」からすると「一つの部分」ということになりますが、「感情の類い」はさておいて「欲求・欲望」だけを取っても、その一つ一つはバラバラです。全体をまとめるような何かがあるというわけではありません。確かに、寡頭制的な人間だけを見れば、この人たちを支配するのは「金銭とか財産」に対する執着とか欲望ということになりますが、「欲求・欲望の類い」というのはもちろんそれだけではありません。加えて、「欲求・欲望」にとっては、それが何に対する「欲求・欲望」であれ、当の「欲求・欲望」からすれば、ただ自分が対象とするものだけが問題であって、それ以外のものは少しも問題ではない、というようなものだと思います。だから、人間の全体のことを配慮するなどということは、まったく期待できない、ということになります。

プラトンは「欲求・欲望の類い」を分析するに当たって、用意周到に議論を組み立てていると思います。寡頭制的な人も民主制的な人も僭主制的な人も、「欲求・欲望の類い」

によって支配されるという点では何も変わりはないのですが、それぞれを支配する「欲求・欲望の類い」に違いがあるというのが話のポイントだと思います。寡頭制的な人が恐れるのは浪費と無駄です。だから、必要ないもの・無駄なものは切り捨てようとします。結果として、寡頭制的な人は「必要」に縛られることになります。民主制的な人はそのような仕方で縛られること・制限されることを嫌います。民主制的な人が恐れるのは自由でないこと・不自由です。民主制的な人は進んで法を犯すような人ではありませんが、それは、単に（はめを外すように誘惑する者がたまたま周りにいないという場合のように）幸運なだけかもしれませんし、恥を知る心が多少は残っている、というようなことかもしれません（VIII 561a-b, 573a-b）。いずれにしても、法を犯しかねない、危うい線上にあるような人である、ということだと思います。僭主制的な人というのは、一線を越えて平気で法を犯すようになった人のことですが、そういう人間になるのは、誘惑に乗ったせいで、あるいはもともとの生まれつきのせいで、狂気じみた欲望を肥大させた結果だと言われています。快楽に溺れる僭主制的な人の生は、他方で、恐怖に満たされているとも言われています。僭主制的な人が恐れるのは、周囲を取り巻く人間の裏切りです（IX 578e-579c）。僭主制的な人は、周りの人間を誰一人として信じることができないので、全員を恐れることになります。

このような恐れが、それぞれの人をそれぞれの仕方である程度コントロールすることがあるかもしれません。しかし、常にそうするという保証はありません。人は何をどれほど恐れていても、名誉支配制的な人が激情に駆られる、寡頭制的な人が情に溺《おぼ》れる、民主制的な人が誘惑に負ける、あるいは僭主制的な人が単純に騙《だま》されるといったことは、少しも珍しいことではないからです。

ところで、以上のような「人間のあり方」の違いは、気質とか生まれつきの違いによるという面もあるかもしれませんが、プラトンの基本的な考え方は、「教育の違いからくる」ということだと思います。教育の偏向（名誉支配制的な人）あるいは欠如（寡頭制的な人、民主制的な人、僭主制的な人）、これがあり方の違いを生む、そう言っているのだと思います。名誉支配制的な人は、教育が偏っていて十分ではないので、全体を支配しなければならない部分が支配する力に欠けるところがある、ということになります（VIII 550a-b）。これに対して、寡頭制的な人も民主制的な人も僭主制的な人も、本来の意味での教育はないのですが、寡頭制的な人にはある種の「躾《しつけ》」による教育があると言えます（VIII 559a-c）。寡頭制的な人というのは、そのような教育の力によって「暴力的に」（VIII 554c-d）

「不必要な欲望」（VIII 559a-c）を抑制することができる、というような人です。民主制的な人にはそういうもの（「躾」の類い）はないのですが、かろうじて「恥を知る心」のようなものがあって、時には親の説教を聞くことがある、というようなことが言われています（VIII 560a）。僭主制的な人というのは、そういうものが何もないような人のことです。

さて、そういうことだとすると、恐ろしいことに、私たちは誰もが、（教育の違いによって、あるいは教育の欠如によって）どんな人間にもなり得る、ということになると思います。その証拠に、すぐれた人格者と見なされるような人であっても（あるいは他のどういう人間であっても）、私たちの内には恐ろしい「不法な欲望」の類いがひそんでいて、夢の中ではときにそういうものが姿を現わすことがある、プラトンはそう言っています（IX 572b）。もちろん、誰もが法を犯すような人間になるというわけではありません。たいていの人は平穏に一生を過ごす、そう言ってもよいのかもしれません。しかし、私たちが十分な思慮とか知識に守られることがない場合には、私たちの生には危うさが常に伴う、それが、IX巻末尾（十二章・十三章）の「人間とは何か」をめぐる議論において、プラトンが言おうとしていることだと思います。その点を次に確認したいと思いますが、その前にまず、IX巻四章から十一章までの議論を見ておきたいと思います。

人間の生の真実

Ⅸ巻四章からⅨ巻末尾まで（IX 576b-592b）の部分については、第二章第1節で、㈠最後の二章（十二章・十三章）は、四章から続く「正しい人間の生と不正な人間の生を、幸・不幸という観点から比較する話」の結論部ではない、最後の二章を結論部と位置付けると、Ⅸ巻が終わるところで正義を擁護する話は全部終わってしまうことになる、その結果、Ⅹ巻が何のためにあるのかが完全に分からなくなってしまう、そうではなくて、㈡最後の二章は、そこからがⅩ巻末尾まで続く終結部である、と言いました。Ⅸ巻四章からⅨ巻十一章までの議論を、以下に整理して示します。

まず、Ⅸ巻四章から六章の「徳と幸福」をめぐる議論（「第一の証明」とされる部分）は、前の部分から続く、実証的な視点からの議論と見ることができます（IX 576e-577b）。ここでは「人間の種類は五種類」ですが（IX 580a）、問題になっているのは、もっぱら「僭主制的な人間」の生です。それは、「欲望と恐怖に満ちている」と言われています（IX 577e-578a, 579b）。「僭主制的な人間」は、欲望に支配されているからであり、また、周りの人間を恐れなければならないからです。結局、「経験豊富な判断能力のある人間」の視点からすれば、最も正しい人間、最もすぐれた仕方で自分自身を支配する人間が最も幸福であり、最も劣悪で最も不正な人間が最も不幸である、と結論付けられています（IX 580b-c）。本当にそう言えるのであれば、議論はこれで終わりのはずですが、そうはなっていません。それは、事実はそうだとしても、なぜそういうことになるのか（あるいは、なぜそうならざるを得ないのか）というその根拠が、この前後の箇所では何も示されていないからだと思います。

続く七章・八章の「第二の証明」とされる部分の議論は「魂の三部分説」の延長上にあるかのようですが、決定的な違いは、ここで問題になっているのは「魂の部分」ではなくて「人間の種類」である、ということです。「人間の種類は三種類」と言われています（IX 581c）。五種類ではなくて三種類とされるのは、何がその人間を支配するか（ここでは「知を愛する部分」と「勝利を愛する部分」と「金銭を愛する部分」のどれかとされます）によって、人間の種類は三つに分けられることになるからです。その上で問題になっているのは、「どの人間の生がより満足できるものか」というようなことだと思いますが、ここでは「快」をめぐる議論として展開されています。どの人間も、自分の生こそが満足できる（最も快い）ものである、と言うだろうと思います。当然、誰の言うことが真実か、それを判定するための基準は何であるかが問題になります。そして、その基準は「経験と思慮とロゴス」である、と言われています（IX 582a-e）。さらに、最終的には「ロゴス」が問題であるかのように言われていますが（IX 582d）、その「ロゴス」とはどのようなものかについては、ここでは特に何も言われていません。「ロゴス」については、次節で見ることにします。また、「快」というのは、「快」だけを切り離して比べたりできないものです。だから、「快」がそれに伴って生じる（生じないこともある）、その活動とか行為（あるいは、活動とか行為の結果）の類いを比較する（比較して評価判定する）ことになります。なぜ「快の話」をここでしているのかについては、第4節でお話することにします。

九章から十一章まで続く「第三の証明」とされる部分も、七章・八章の議論を引き継ぐ、「三種類の人間」の話の続きだと思います。ここで重要なのは、人間の種類をこのように三つに分けることによって、プラトンは人間の何がどのように問題であると言おうとしているのか、それを正確に読み取ることだと思いますが、ポイントは、何が支配するか、その違いによって「内部分裂」が起こることがある（もちろん、起こらないこともある）、ということだと思います（IX 586e-587a）。全体が、全体のことを配慮する部分に従う限りは、「内部分裂」は起こらないし、「内部分裂」が起こらない場合には、全体のことを配慮する部分もそれ以外の部分も不満を持つことはないが、全体のことを配慮する部分以外の部分が支配する場合には、その部分が闇雲に自分の欲するところを満たそうとするだけだから、「内部分裂」が起こって、結局は全体が不満を持つようになる、プラトンが言おうとしているのはそういうことだと思います。「闇雲に」と言ったのは、実際には「哲学とロゴス及びノモスと秩序から遠く離れて」と言われています（IX 587a-b）。これが何を意味するかについては、次節でお話することにします。

人間とは何か

さて、ここまで（IX巻四章から十一章まで）の議論がVIII巻二章からはじまる「エートス論」のまとめの部分です。この後、IX巻十二章からX巻の最後までは、先に言いましたように、『国家』篇全体の終結部であると私は考えます。その終結部の最初の部分（IX巻十二章・十三章）で言われているのは、第一に「人間とは何か」という問いにどう答えるかです。先に（第二章第1節）お話ししましたように、プラトンの答えは、人間は巨大な多頭の怪物とそれよりは小さいライオンとさらにそれよりも小さい人間が一つになったような生き物である、というものです。「多頭の怪物」は欲望を表すとか「ライオン」は何を表すというようなことは、ここでは何も言われていません。私たちは言われていることを、文字通りに取らなければならないと思います。つまり、人間は三種類の生き物が一つになったような、奇怪な生き物だということです。そして、このような奇怪な生き物に関して何が問題になるのかが、次に言われていることです。それはつまり、このような生き物に「全体が一つにまとまる」という保証はどこにもない、だから、「内部分裂」を起こして、獣の一部が好き放題しかねない、あるいは獣同士が互いに争い合うかもしれない、というようなことです（IX 588e-589a）。先にも（第二章第1節）言いましたが、プラトンのこのような考え方は、現代科学の考え方に反するどころか、ある意味ではそれを先取りしているようなところがあると思います。

ところで、プラトンは、金銭欲とか名誉欲の類いを全部消してしまえ、とは言っていません。むしろ、ある程度は許容するようなことを言っていて、重要なのは、そういう類いのものをコントロールして、「内部分裂」が起こらないようにすることだ、と言っています（IX 591d-592a）。では、「内部分裂」が起こらないようするにはどうしたらよいのか、その答えは、ある意味ではすでに手元にあるとも言えます。私たちは複雑で多面的な生き物ですが、私というのは、その多面的で複雑な全体のどこか一部分のことではなくて、まさにその全体のことである、だから、その全体のことを考える、全体としての私にとって何がよいか、どうするのがよいかを第一に考えるというようなものが何かあるとしたら、全体が一つになってその何かに従うべきである、要するに、そういう考え方です（IX 588a-b）。その何かについては、少し前の箇所で、「哲学することに関わる部分」であると言われていました（IX 586e）。

これがほとんど最終の答えのように思われるかもしれませんが、まだ求めている答えの最後までは行き着いていません。確かに「全体が一つになってその何か（全体のことを第一に考えるような何か）に従う」ことが求められているのかもしれない、しかし、そもそも「全体が一つになること」というのはどのようにして可能になるのか、そして、それ（「全体が一つになること」）がなぜ「正義の十分条件」であるということになるのか、また、それはなぜ「それこそが幸福」と言えるようなものであるということになるのか、これらの問いにはまだ何も答えられていないと思います。

3 「魂の一性」

なぜ「詩人追放」の話に戻るのか

さて、その「答えの最後」がどうなるのかを見定めるためには、あらかじめ第二章第1節で予告しておきましたように、Ⅳ巻439b-441cの「補足」という位置付けのX巻603d-604dに注目する必要があります。しかし、その前に、そもそもX巻のはじめでなぜ「詩人追放」の話に戻る必要があったのか、その点を見ておきたいと思います。

「詩人追放」の話というのは、Ⅱ巻の後半（376e以下）で、国家の守り手をどう教育するかという話になって、その「教育の観点」からは、真実を語ることからはほど遠い、作家・詩人たちの冥界の話や神々と英雄たちについての物語は追放されるべきであるとされたことからはじまっている（Ⅲ巻の前半392aまで）、と前に（第二章第1節）言いました。そして、神々と英雄たちの話にすぐ続けて、「人間の話」が展開されようとするのですが、その「人間の話」は、そこでは先送りされることになります。先送りする理由については、次のように言われていました。すなわち、作家・詩人たちは、神々や英雄たちについても人間についても、でたらめを語っている、「人間の話」の中で最も重大なでたらめは、人間の幸・不幸は正・不正に関わりがないとするかのような語り方にある、だがその誤りをどう正すかという話は、「正義とは何か」を見出して、「正義が得か、不正が得か」という問題に決着を付けるまで先送りする、というものでした（III 392a-c）。だから、「詩人追放」の話に戻るのは、要するに、先送りされた「人間の話」に最後の結末を付けるためである、それは言い換えれば、「正義とは何か」を見出して、「人間の幸・不幸と正・不正」をめぐる問題に決着を付けるためである、ということになると思います。その「詩人追放」の話の中心部分はホメロス批判になっています（X 598d-601b）。その中で、作家・詩人たちは人間の徳その他について知っていて描いているのではない、そうプラトンは言っています（X 600e）。これは、これから重要な問題に取りかかることを告げる、先触れの箇所で言わなければならない必要な一文だとは思いますが、これだけを切り取ると、この一文で言われていることは、かなり危険なものであるように思われます。もちろん、ホメロス批判自体が危険なものであるとも言えます（が、ホメロスについて周知のことを言っているだけのようにも思われますので、そうでもないかもしれません）。しかし実際のところは、先触れの箇所は、「芸術」は「模倣（ミメーシス）」であるとする、（イデアへの言及を除けば、当時のギリシア世界にとっては）新鮮味があるとも言えないような議論が何頁も続くので（X 595a-603c）、いろいろ言われている中に埋もれて、この一文は、ほとんど目立たないものになっています。『国家』篇は全体として、かなり饒舌《じょうぜつ》なところがあるように思われます。それはたぶん、用心のためであったと思います。

さて、「人間の話」の一つの帰結が、IX巻十二章・十三章の「人間とは何か」という話である、と先に言いました。そこで「人間とは何か」が明らかにされて、その上でその人間に関して何が問題であるかをはっきりさせる、それがIX巻の最後の二章でプラトンがしていることだと思います。問題ははっきりしています。人間は複雑で多面的な生き物である、その成り立ちは「内部分裂」を起こすかもしれない（というよりはむしろ、放っておけば「内部分裂」が必ず起きる）というようなものである、その「内部分裂」が起こらないようにするにはどうしたらよいか、これが、解決しなければならない問題です。その問題の解決に正義はどう関わってくるのか、正義は人間に何をもたらすから（何をもたらすことによって）、その問題は解決することになるのか、X巻はこのような問いに対して明確な答えを与えるものとなっているのでなければならない、第二章第1節で私はそう言いました。

合理性と正当化

Ⅳ巻439b-441cの「補足」という位置付けのⅩ巻603d-604dが言っていることは、こういうことだと思います。すなわち、先にⅣ巻439b-441cで取り上げた「水が飲みたくても飲むことを我慢する」というような事例において、本当に問題にすべきは「心とか魂の分裂・抗争」というようなことではない、重要なのは、こういう場合に「飲むことを我慢するように命じる」（あるいは、ここで取り上げる例では「悲しみに堪えるように命じる」）ものがあるということである、それは（そう「命じる」ものは）私たちが「合理性」とか「正当化」の要求と言っているものである（プラトンは「ロゴスとノモスが命じる」という言い方をしています）、ということです。

これに先立って、「あのとき言い残したことがあるので、今度はそれを言い尽くさなければならない」と言われています（Ⅹ603d-e）。「あのとき」というのはⅣ巻439b-441cのことです。何が言い残されたことであるのか、それを見極めることが何より重要です。

ここでの例は、「立派な人が冷静に息子（とか友人）の死の悲しみを堪え忍ぶ」というものです（Ⅹ603e）。この例は、以前にも（III 387d-e）用いられていたものです（そこでは「立派な男は息子が死んでも嘆くことはない」と言われていました）。しかし、以前の例は

「神々と英雄たち」の話でしたが、今度は「人間の話」です。だから、「その人は、実際は悲しいのであるが、ただ節度を守ろうとしているのである、そしてそのような人でも一人になったときには、人に聞かれたら恥ずかしいことを言ったり、人に見られたくないようなことをしたりする」と言われています（X 603e-604a）。わざわざ「一人になったとき」のことを付け加えているのは、こういう話は、そのすべてを私たちの内部（例えば「魂の三つの部分」）の話として理解できるものではない、ということを言うためであったと思います。もし（競い合う相手と言えるような）誰かが見ているとしたら、そのような人は醜態を見せるようなことはしない、この点が重要です。何もかもが「魂の内部の話」「自分の内側の話」で終わるわけではありません。むしろ、ある種「自分の外部」と考えられるような何かが重要な意味を持つことがあります。「ロゴス」とか「ノモス」というのは、そういうものだと思います。

「ロゴス」は、通常は「言葉」とか「言語」を意味する語ですが、「理性」とか「道理」と訳されることもあります。ここでは、後者に近い意味で言われていると思います。「ノモス」は、「法律」とか「規則」を意味する語ですが、ここでは、個々の「法律」とか「規則」のことではなくて、判断の「基準」を意味する「規範」に近いような意味合いで言われていると思います。しかし、ここでプラトンが言おうとしているのは、単純に、「社会的な圧力によって維持される規則」と考えられるようなものとしての「外的な社会規範」のことではないと思います。可能性としては、よく考える（哲学する）ことによって、例えば個人レベルにおける「規範意識」の「体系化」とか「成熟」ということがあり得る、それが重要な点だと思います。(8) 単純に「外的な社会規範」に従うという話は、「洞窟」の中の話、「洞窟」の「囚人」の話だと思います。そして、そもそも「規範意識」の「体系化」とか「成熟」というようなことがあるためには、「道理」とか「判断基準」といったものは、単純に外から押しつけられるだけのものではなくて、ある種「内在的な由来を持つ」と言わなければならないようなものである、と思います。おそらくは、「目的の実現を目指して、自分の考えに従って、意図的に行為するという、人間として最も基本的と言えるあり方」、そういう「人間としての（あるいは、人間であるための）あり方」というのが、プラトンが「ロゴスとノモスが命じる」と言っている、ある種の「命令」とか「要求」の、本来の出所《でどころ》ではないか、と私は考えます。(9)

その「ロゴス」と「ノモス」については、次のように言われています。このような場合に、悲しみに堪えるように私たちに「命じる」ものがある、それは「ロゴス」と「ノモス」である、それが私たちに命じるのは、㈠今何が起こっているのか、よく考えること、㈡最善と見なす思いとか考えに従うこと、㈢つねづねそうするように自分を習慣付けることと、この三つである、ということです[10]（X 604a-d）。「ロゴス」と「ノモス」をどう理解するかについては、こういう場合に何が問題になるのかを考えると、一番近いのは「合理性」と「正当化」だと思います。「ロゴス」と「ノモス」の訳が「合理性」と「正当化」だという意味ではありません。問題になるのは「合理性」と「正当化」だという意味です。「説明」と「正当化」と言ってもよいかもしれません。私たちは何をしても、場合によっては（何かしら問題があると見なされて）「合理的な説明」を求められることがあると思いますし、自分のしたことを「正当化する」ことも、時と場合によっては求められることがあるかもしれません。基本的には常に、そういう要求に私たちは「晒《さら》されている」と考えることができます[11]。それをプラトンは、「ロゴスとノモスが命じる」と言っているのだと思います。

さて、「魂の一性」を実現するというのは、魂の全体が思慮と知識の導きに従って（すなわち、最善の思いとか考えに従って）、「ロゴスとノモスが命じる」その通りのことを、つねに実際にする（「できる」ではなくて「する」）、ということだと思います。そのためには、それは今日・明日すぐに実現できることではありませんから、つねづねそうするように自分を習慣付けることが、もちろん必要です。その前に（あるいはそれと同時に）、自分の思いとか考えにぶれとか根拠のない思い込みの類いがないかどうか、また、それは他人の批判に耐えるものかどうか、よく吟味・精査する必要があります。ぶれとか思い込みがあって、他人の批判に耐えるものではないという場合には、「一性の実現」どころか、「分裂の極み」であると言われることになりかねません。ところで、「ロゴスとノモスが命じる」その通りのことを、つねに実際にする、ということだとすると、当然そこには、「合理性」と「正当化」の要求にこたえることが含まれている、だから、「魂の一性」の実現は「正義の十分条件」である、プラトンはそう言っているのだと思います。つまり、「魂の一性」の実現には（ノモスが命じる）「正当化の要求」にこたえることが含まれている、だから、それは当然「正義に適う」ものとなっていなければならない、ということです。それ故に、「魂の一性」の実現は「正義の必要十分条件」である、これが「正義とは何か」という問いに対するプラトンの答えだと思います。

4　正・不正と幸・不幸

ソクラテスの生と死

もう一つの問題、なぜ「魂の一性を実現することこそが幸福」なのかという問題に対しては、それ（魂の一性の実現）がまさに最善の選択だから（その結果、ソクラテスのような最後を迎えることもある）と答える以外にないように思われます。「すぐれた仕方で魂の一性を実現している人間」こそが、「最もすぐれていて最も正しい人間」であり、そういう人間が「最も幸福である」と言われていました（IX 580b-c）。しかしそうすると、「善き人々に不運かつ不幸な生が、反対の人々に反対の生が与えられることがある」という、詩人たちをはじめとする一般の人々の主張（II 364b）に反論できない（その主張を受け入れるしかない）ということになるのでしょうか。この種の主張に反論することも、『国家』篇の目的の一つでした。

この問題は、ソクラテスの生と死をどう見るかという問題と切り離すことができないものです。プラトンは、前にも触れましたが、『パイドン』の最後のところで、ソクラテスについて「思慮と正義において卓絶した」と言っています。そうすると、プラトンはソクラテスを「最も幸福である」と言っていることになります。しかし、普通一般の考え方からすると、ソクラテスの一生を本当に「最も幸福」と言えるものかどうか、大いに疑問に思う、と言う人もいるかもしれません。これに対しては、そもそも「幸福」をめぐる「普通一般の考え方」というようなものがあるとそう簡単に言えるのかどうか、その点がよく分からない、と言われるかもしれません。この問題はひどく厄介《やっかい》です。ここでは、先に見た、Ⅸ巻の七章・八章の「第二の証明」及び九章から十一章まで続く「第三の証明」における「快をめぐる話」に、もう一度目を向けるだけにしたいと思います。たぶん、プラトンの意図は、それで十分読み取れると思います。

「快をめぐる話」は分かりにくい話です。しかし、実は「幸福をめぐる話」をしているのだとすると、そうでもないかもしれません。「証明」しなければならないのは、「最もすぐれていて最も正しい人間が最も幸福である」ということです。「幸福である」と言えるからには「満たされている」とか「満足している」と言えるのでなければならない、言い換えれば「幸福であること」の条件（必要条件）の一つは「満足感」である、このように言うことにそれほど無理はないと思います。ここでは、これに加えて、他に何が条件とな

るのかについては、問題にしないことにします。(12)

人が目指すもの（目的とするもの、望むもの、欲するもの）はさまざまですが、目指すもの・望むものを手に入れる（実現する）ことができれば、満足感を得ることができます。しかし、目標が低すぎるとか、望むもの・欲するものが低俗でつまらないとか、簡単に手に入るというような場合には、本人はそれなりに満足感・達成感を得たとしても、他人はそれを空しいと言うだろうと思います。問題は、「他人」もいろいろですから、誰の言うことが本当かです。Ⅸ巻七章・八章の「第二の証明」は、そういうことを問題にしているのだと思います。結局のところ、哲学者が何と言おうと（IX 583a）、「勝利を愛する人間」は自分が得る満足感・達成感を、「利得を愛する人間」も自分が得る満足感・達成感を、それぞれ「空しい」とは言わないだろうと思います。そして、オリンピックの金メダリストとか成功したＩＴ企業創業者の達成感とか満足感を、私たちもそう簡単に「空しい」とは言わないと思います。しかし、そういう成功者たちの達成感・満足感も、その人たちが思慮と知識の導きに従わないという場合には、その後の生において愚かな選択をして、それまでに成し遂げたことのすべてがひどく空しいものになり得る（IX 586d-587a）、これが、Ⅸ巻九章から十一章の「第三の証明」が言おうとしていることだと思います。達成感とか満足感はいわば「一時的」と言えるようなものかもしれませんが、幸福はそうではありませんから、その後の生の選択が何もかも台無しにするということも、そう珍しいことではないように思われます。

しかし、以上のことを全部認めたとしても、それでソクラテスの一生が幸福であったということにはならない、そう言われるかもしれません。これに対してプラトンは、次のように答えると思います。危うさを免れているという意味では、哲学者の一生は最も幸福なものであり得る、ソクラテスはあのような最後を迎えたことによって（死に方のせいで）不幸であったということにはならない、ソクラテスの死は他人の悪意によるものである、確かに他人の悪意とか災難とか不運といったものはある、しかし、それで幸・不幸のすべてが決まるわけではない、ソクラテスは自分が望む哲学者としての生をまっとうした、死んでから後にソクラテスのことを悪く言う者はいない、悪く言われるのはソクラテスを死に追いやった人々の方である、だから、ソクラテスのことは、結局はあれでよかったのだと言わなければならない（X 613a-b）、というようにです。最後に死後の話（「エルの物語」）を付け加えているのは、私たちの生はその死をもって何もかもが終わる（何もなかったことになる）というわけではない、と言いたかったからではないかと思います。

生の選択

その「エルの物語」の最後は、「人は生まれ変わる際に、どのような仕方で生を選択するか」という物語（X 617d-620d）になっています。多くの場合、その選択は「前世における習性（魂のあり方）」によって決まる、と言われています（X 619e-620a）。その少し前の箇所では、哲学と習慣が対置されて、僭主の生涯を選択した者について「哲学によらずに習慣によって徳を得た者は、誤った選択をする」と言われています（X 619c-d）。ここで「徳」とは「正義の徳」のことを言うのだと思います。「習慣によって徳を得る」というのは、「習慣付けによって」ということだと思いますが、「習慣付けによる教育」がしっかりしていて、周りに不正をするような者が誰もいない、といった条件がそろうと、「習慣によって徳を得る」ということはあると思います。しかしそれは危うい、プラトンはそう言っているのだと思います。なぜそれは危ういのかというと、不正をしないということについて、なぜそれがすぐれた選択であるのか、それを自分で探究して（あるいは、他人から学んで）知っているわけではないからだと思います。

私たちの生の選択は生まれる前に決まっている部分があります。もちろん、何もかも決まっているということはありません。しかし、家柄とか財産とか、あるいは容貌とか能力とか、それに健康かどうかといったことも、ある程度は決まっています。だが、「生の選択」というのは、本当はそこから（つまり、生まれついた内的条件・外的条件を受け入れたところから）はじまる話です。そして、私たちは生を選択する際に、最善の選択をするように（最善の選択ができるように）自分でも探究し他人からも学ぶように心がけなければならない（それが、プラトンの言う「哲学する」ということだと思います）、そうすれば、生きている間も死んでから後も危うさとは無縁の、本当の意味ですぐれた選択ができるようになる（X 619c-e）、これが『国家』篇を書いたプラトンの言いたかったことだと思います。

結びに代えて

最後に、全体を振り返る意味を込めて、私がここで提示した読み方が、結果としてこれまでの『国家』篇の読み方とは大きく異なることになった点について、簡単にまとめておきたいと思います。主要な違いは、以下の七つということになると思います。

(一)『国家』篇全体を貫く縦糸に当たる話として「人間の話」があると私は考えます(第二章第1節)。その話の一つの帰結は、Ⅸ巻末尾において示される、「人間とは何か」という問いに対する答えです(第四章第2節)。「人間は複雑で多面的な、奇怪な生き物である」というのがその答えですが、「人間の話」はそれで終わるのではありません。人間というのはそういうものだとすると、その人間について何が問題になるのか、そしてその問題はどのようにして解決できるのか、それが「人間の話」の結論に当たる部分です。

(二)その結論の部分は、「正義とは何か」という話と結び付いています。「正義とは何か」という問いに対する答えは明示されていると思います。「奇怪な生き物」である人間をめぐる究極の問題は、自己自身の「内部分裂」です。そして、その問題の解決は、「魂の一性の実現」として示されています。それが「正義とは何か」という問いに対する答えです。この点を理解するためには、Ⅳ巻の「魂の三部分説」前後の箇所とⅩ巻の「それを補う箇所」を続けて読む必要がある、と私は考えます（第三章第1節、第四章第3節）。

(三)Ⅳ巻の「魂の三部分説」というのは、独立した議論ではないと私は考えます。また「魂論」として見たときに、それを「プラトンの最終的な主張」と見なすべきではないと考えます。「魂論」としては、「国家との類比」による「暫定的な帰結」の提示でしかないと思います。そして、「魂のあり方」をめぐっては、Ⅷ巻〜Ⅸ巻前半の「悪徳論」において、「実証的」な視点から改めて議論し直されることになります（第四章第2節）。そのⅧ巻〜Ⅸ巻前半の議論を、私は「国家との類比」による議論の延長上にあるとは考えません。

(四)「哲学とは何か」という話を、私は「ソクラテスとは何であったか」という話と結び付けて理解しました。だから、ソクラテスの哲学を離れて、「イデア論」というプラトン独自の考え方を、『国家』篇においてプラトンが表明しているとは考えません。ソクラテスにとって哲学とは、アリストテレスが言う「形而上学」のような理論的研究ではなくて、私たちの日常の行為と生をめぐる思い・考え方についての批判的吟味です。プラトンはそれを、理論的研究よりも上位に位置付けました。このような考え方を、「実践優位」の考え方に立つものと私は理解します。そして、「善とは何か」という問いをめぐる議論（「善のイデア」をめぐる議論）は、この考え方にそって、「行為の目的」をめぐる議論として展開されていると考えます（第三章第3節・第4節）。

㈤国家が制度の縛りと（国家が認める）教育によって人間を作るという話と、哲学によって人間を作るという話は、本来はまったく別の話です。しかし「哲人王」というアイデアは、二つを結び付けることによって、二つの違いを見えにくくした、と私は考えます。哲学によらずに国家によって作られた人間は、どれほど人並外れた「エリート」に見えても、危うさを免れることはできません。人間には「多頭の怪物」という一面がつきまとうからです。哲学することによって思慮と正義を身に着けた人間だけが、その危うさを免れることができる、プラトンはそう言っていると私は理解します（第四章第1節）。

㈥Ⅸ巻四章から十一章までの議論は、Ⅷ巻二章からはじまる「悪徳論（としてのエートス論)」のまとめをすると同時に「人間に関する問題点」の整理をしている部分であると私は理解します。人間を支配するものの違いと、支配するものの違いによって（人間のあり方に関して、また幸・不幸に関して）どのような問題が生じるのかを確認すること、そして、それを次の（IX巻末尾からはじまる）「終結部」の議論に論拠として受け渡すこと、それがこの部分の主要な役割だと思います（第四章第2節及び第4節）。

(七)IX巻十二章からX巻の最後までを、私は『国家』篇全体の「終結部」と考えます。その「終結部」の最初の二章（IX巻十二章・十三章）が問題にしているのは、「人間とは何か」という問いにどう答えるかということと、その答えとされる「三種類の生き物が一つになったような、奇怪な生き物」である人間に関して何が問題になるのかということです（第四章第2節）。その問題の解決が、前記(二)で言いましたように、「魂の一性の実現」であり、それが「正義とは何か」という問いに対する答えであると私は理解します。

註

はじめに

（1）論文は一九九三年秋に、九州大学（の松永雄二先生）に提出されました。原題は「プラトン研究——行為と価値の哲学」です。

（2）私の学位論文は、一年半後の一九九五年二月に、『行為と価値の哲学』という書名で九州大学出版会から出版されました。その「まえがき」に、自分でそういうことを書いていました。学位論文の原題にあった「プラトン研究」を削除したのは、プラトンの哲学こそが「行為と価値の哲学」の名に値するものであると言いたかったからなのですが、そこまで言うには私自身の勉強がその時点ではまだ足りなかったと、今にして強く思います。

（3）「博物館に陳列されるのがふさわしい云々」という言い回しは、ポール・グライス（Paul Grice, 1913-88）という哲学者の文章から（一部）借用したものです（Grandy and Warner, eds., *Philosophical Grounds of Rationality*, 1986, p. 66）。この二十何年間かの割と早い時期に、グライスの遺稿

（「理性」を主題とする講義録 *Aspects of Reason*, 2001 です）が出版されて、運よくそれと出会ったことが一つの転機となりました（グライスから何を学んだかは、最後の方でお話しします）。しかし、グライスの言っていることは難しくて（英語はそう難しくないのですが）、解読するのにほぼ十年かかりました（講義録の翻訳「理性の諸相」は、関連する論文等の翻訳と合わせて、二〇一三年に『理性と価値』という編訳書として勁草書房から出版されました）。「運よく出会った」のは、私の知り合い（その当時はオックスフォードにいた、デイヴィッド・チャールズというアリストテレスの専門家です）が、出版されたばかりのグライスの講義録を読むように薦めてくれたからです。デイヴィッドは、何も分からなかったようです。グライスの講義（一九七九年）を実際に聞いたと言っていましたが、ほとんど（遺稿の元になった）グライスの講義を耳で聞くだけで分かるかというと、それは（解読するのに十年かかった私からすれば）とうてい無理な話だと思います。

（4）私の講演の原題は「哲学とは何か？ ～プラトン『国家』の問いと答え～」でした。番組（「スペシャル講演」という番組枠があって、その中の一番組という位置付けです）の題目も同じです。

第一章

（1）最初から十巻に分けられていたわけではないとする説もありますが、何巻に分けるのが正しいのかという問題は、ここでの議論に関わりを持つものではありません。

（2）英訳を録音したＣＤが何種類もありますが、最も短いもので十二時間弱、長いものは十二時間半以上かかります。

(3)『第七書簡』は(それだけでなく『書簡集』のほぼ全部が)偽書だと思いますが、なぜとりわけ『第七書簡』を偽書と見るのか、その理由(の一部)に関してはここでの議論に関わる点がありますので、後で(第四章第1節)若干のことを述べることにします。

(4)藤沢訳の『国家』は『プラトン全集』第十一巻(岩波書店、一九七六)に収録されています。岩波文庫の『国家(上・下)』(岩波書店、一九七九)も同じものです。

(5)「ソクラテス的な対話篇」が、特に(「プラトンの」ではなくて)「ソクラテスの」と言わなければならないような哲学的内容を問題にしているということはないと思います。他方、「後期」に位置付けられるものに関しては、プラトンはかなり自由に(場合によっては「ソクラテスの方法」を離れて)議論を展開していると思います。いずれにしても、何を読み取るかは読み手の力量次第、ということになると思います。

(6)プラトンが(書かれた)対話篇よりも直接の対話を重視した(『パイドロス』276d-277a)というのは理由のあることだと思います(哲学は一人ではできませんし、一人で本を読んで考えるだけだと結局は自分の思い込みに酔いしれることになりかねませんから)。しかし、「だから、書かれることのなかった、口頭で直接伝授された秘密の教えがある」ということにはならないと思います(そういう「書かれざる教説」があると信じている人たちは、今でもたぶんそれなりにいるとは思いますが)。それに、そもそも(このような意味合いで言われる)「教え」というのは、哲学とは無縁の「似而非《えせ》哲学」的な何かでしかないと思います。

(7)松永先生の東京都立大学集中講義「『国家』篇の問題」(一九八二年)というのが(都立大の加藤

信朗先生の招きで、松永先生の都立大集中講義は全部で三回行われて、これはその二回目です）そもそものはじまりだったのですが、それは「今から思うとそうだった」ということでしかありません。その当時は（そのとき、実際に何かがはじまったのだとしても）すぐに終わらせるつもりでいました（そう、『行為と価値の哲学』の「まえがき」に、自分で書き記しています）。都立大集中講義のことは、松永雄二「哲学の難しさ・面白さ」（西日本哲学会編『哲学の挑戦』、春風社、二〇一二）で、前後のことも含めて、少しだけ触れられています。

（8）アダム（James Adam, 1860-1907）という有名な昔のプラトン学者は、X巻の（正義の報酬について論じる後半はともかく）詩人追放について再び論じる前半はなくてもよかったのかもしれないが、改めて論じるとすればこの箇所がベストである、と言っています。そして、プラトンはなぜ再び論じる必要があると思ったのかについて、詩人を否定することによって反感を招く危険があったから、自分の考えを（別の観点から補強するという仕方で）改めて正当化しようとしたのだ、と言っています（Adam, *The Republic of Plato Vol. II*, 1902, p. 384）。アダムが指摘する「反感を招く危険があった」というのはその通りだと思いますが、X巻前半部には（アダムが考えた以上の）はるかに重い意味があると私は思います。

第二章

（1）プラトンが「詩人を追放する」理由が、Ⅲ巻とX巻で異なるということはないと思います。どちらの場合も、作家・詩人たちが語ることは「真実からはほど遠い」というのが、その理由です。しかし、Ⅲ巻で問題になっているのは神々と英雄たちの描きであり、Ⅹ巻で問題になっているのは人間の描きです。この違いが重要だと思います。

（2）博士論文を書いた時点では、Ⅳ巻439b-441cとⅩ巻603d-604dのつながりに着目するところまではいったのですが（『行為と価値の哲学』第七章）、そこまででした。だから、Ⅳ巻439b-441cとⅩ巻603d-604dの話に（この後お話するように）正義の話と哲学の話がつながっていることが分かるまでに、二十数年かかったということになります。もちろん、そうなった理由の大部分は、私の側にあると思いますが、一部はプラトンの側にもあると私は考えています。そうでなければ、二千数百年もの間、「人間の話」が読み過ごされてきた（私が正しければ、そういうことになります）というようなことは、起こりようがないと思います。詳しいことは、第四章第1節でお話することにしたいと思います。

（3）プラトン自身がこの著作を『国家（*Politeia*）』と名付けたとすることに、異論があるという話は聞いたことがありません。副題は「正義について」ですが、これは後の時代のものと思われます。プラトンの「方法」をめぐる問題は次節に続きます。

（4）Ⅲ巻八章からは、はっきりと「すぐれた人間を作る」という話になっていると思います。そうだとすると、作家・詩人たちの（物語の内容をめぐる話が終わって）語り方の話になるあたり（Ⅲ巻六章）から、実質的に「人間の話」ははじまっているということになります。プラトンはかなり注意深く、念入りに『国家』篇の話の進行を考えているように思われます。

（5）「伝統的な教育」について論じるⅡ巻十七章～Ⅲ巻十八章、「哲学」について論じるⅥ巻十五章～

Ⅶ巻十八章が「教育の話」の主要部分ですが、さらに「徳」について論じるⅣ巻六章〜十九章、子どもの養育と女子の教育について論じるⅤ巻一章〜六章、哲学者の条件（必要条件）について論じるⅤ巻十九章〜二十二章、そして再び「伝統的な教育」と「徳」について論じるⅩ巻一章〜八章も、それぞれ「教育の話」の一部と見なすことができると思います。合わせると、（Ⅱ巻以降全百七十一章の内）八十章になりますから、「半分近く」と言っても許されるのではないかと思います。

（6）プラトンは続けて、「詩人の側から哲学者への攻撃もあった」というようなことも言っていますが（Ⅹ 607b-c）、この前後は、作家・詩人たちを攻撃したことについて「言い訳」をしているようにも、同時に、多少なりとも「刺激を和らげようとしている」ようにもとれます。

（7）アリストテレスも「哲学者こそが幸福である」と言っていると思いますが（『ニコマコス倫理学』第十巻第七章）、アリストテレスが考える「哲学者」というのは、世俗を離れて理論的研究に専念するような「研究者」のことですから、実際には言っていることはまったく別です。アリストテレスの幸福論は『国家』におけるプラトンの（哲学者と幸福についての）考え方に対する反論なのだと思います。アリストテレスの幸福論については、菅豊彦『アリストテレス『ニコマコス倫理学』を読む』（勁草書房、二〇一六）の第六章「観想と実践」に、理に適った（と思われる）考察があります。

（8）プラトンの「方法」を「類比」と断じて、「方法」として「問題」あるいは「困難」があることを指摘したのは、バーナード・ウィリアムズ（Bernard Williams, 1929-2003）という哲学者の論文（The Analogy of City and Soul in Plato's *Republic*, 1973）が最初です。ウィリアムズは現代のイギリスを代表する分析系の哲学者の一人ですが、古典研究者というわけではありません。ソクラテス・

プラトンの哲学的主張に対しては、別の機会にも批判的・否定的な立場を表明しています（『生き方について哲学は何が言えるか』、ちくま学芸文庫、二〇二〇）。ウィリアムズの攻撃に対するプラトン研究者の反応はほとんどが防御的で、何とか「類比」を擁護しようとするものです。ウィリアムズは政府その他の諮問委員会で委員長を務めたこともあるというような人だったそうですが、どんな場合にも議論に負けたことがなかった、という話を聞いたことがあります。プラトン研究者からすると、相手が悪かった、ということでしょうか。

（9）この箇所（IV 439c-d）の読み方は、松永先生から学んだものです。最初は都立大の集中講義（一九八二）でした。簡潔に文章化された見事な分析を、松永雄二「たましい・こころというものの存在」に見出すことができます（『知と不知』、東京大学出版会、一九九三、二七〇頁、註6）。

第三章

（1）アリストテレスの「幸福論」は「正義論」（『ニコマコス倫理学』第五巻）とは無関係なところで（同第十巻）展開されています。それは、（ソクラテスを念頭に置いて）「哲学者こそが幸福である」とするプラトンの主張に対する反論として理解できると思います（第二章註7参照）。アリストテレスにとって哲学は、「すぐれて人間的」と言えるような何かなのですが、それは（ソクラテスが好んでそこから離れようとしなかった）どろどろした現実社会の営みからは隔絶された（研究室での）「理論的研究」のことでした。

（2）二十五年近く前のことになりますが、『国家』篇の正義論にもっと目を向けるように、ある論文によって強く促されたということがあります。松永先生の「内なる正義」（九州大学哲学会『哲学論文集』第二十三輯、一九八七）という論文だったのですが、そう簡単に応答できるような問題ではありませんでしたので、今日まで時間がかかってしまいました。「正義の定義」がどのような仕方で論じられているかについては、この後、詳しく論じます。

（3）「必要条件」とか「十分条件」というような整理の仕方は現代の数学とか論理学のものですが、プラトンはこのような（条件文における前件ないし後件の）論理的位置付けの違いというものについて（間違いなく）熟知していたと思われます。例えば（通常は、初期対話篇に位置付けられる）『エウテュプロン』10a-11bは、それがどういう違いであるのかを、明確に述べていると思います。言い換えれば、「何であるか」というソクラテスの（定義を求める）問いが（実質的に）何を求めるものであるかという点に関して、プラトンが曖昧であったと想定する余地は、おそらくはない、ということだと思います。他方でプラトンは、議論の論理的展開の詳細について、そのつど断り書きを入れるというようなことは（特に『国家』篇では）していないと思います。不親切と言えば不親切なのですが、自分が書いたものは「慰み」に書いた「覚え書き」にすぎないのだから、同じ探究の道を歩みたいというのなら、自分で考えなさい（『パイドロス』276d）、ということかもしれません。

（4）プラトンは、自分の作品を読者がどう受け取るかということに、それなりに気を遣っていたということを示す事例があります。それは、『パイドロス』末尾（278e-279b）の「イソクラテス賛美」の箇所です。同時代の名高い「弁論家」イソクラテスを、（イソクラテス側の人間に）間接的に否定するような内容と取られかねないものを『パイドロス』は含みますから、その最後に（普通に読めば）

ずいぶん気を遣っていると分かるような一節をわざわざ付け加えたのだと思います。自分が否定されていると思うと、それに対してそう思った人は普通、怒りや恨みを抱くと思います。そういうことはできるだけ避けたい、そのためにはいろいろと工夫する必要がある、ということだと思います。

(5) グライスの議論は曲折に富むものですが、「理性の諸相」第二章「理性と理由」の第五節「相対的様相と絶対的様相」(『理性と価値』、七六〜八九頁) 及び「形而上学と価値」の第六節「絶対的価値」(同、二六八〜七一頁) が、取り敢えず参考になると思います。

(6) これについては、拙著『行為と価値の哲学』第五章「一人称の論理」で詳しく論じたことがあります。『ゴルギアス』のこの箇所に関して、以前そこで論じたことに、(もう少し簡略にできるとは思いますが) 改めて何か付け加えたいと思うことはありません。

(7) Ⅶ巻 519c では「生における唯一の目標」と言われています。Ⅵ巻 505e-506a については、拙著『行為と価値の哲学』第八章 (特に二四〇〜一頁) で取り上げました。しかし、その当時は『国家』篇全体の理解が不十分であったために、この箇所の分析の意義を十分生かすことができなかった、と今は思います。私が今、ここでこうしてやっていることは、前作の第八章を全面的に書き改めることであると言ってもよいかもしれません。

(8) 『パイドン』における「存在と原因をめぐる探究」(99d-107b) というのは「理論的探究」であると明言されています。そして、アリストテレスの存在論・原因論 (存在と原因をめぐる形而上学的探究) というのは、『パイドン』の存在論・原因論に対する反論として展開されているものであると思います。しかし、このように言うことが正確に何を意味するのかを論じるためには、別の著作が必要になると思います。ここでは触れないことにします。

第四章

（1）政治学の祖はアリストテレスとされますが、アリストテレスは『政治学』においてプラトンの『国家』とか『法律』にたびたび言及して、保守的な立場からプラトンに対して批判的な議論を展開しています。また、経済学に関しては、『経済学』という著作が『アリストテレス全集』に含まれてはいますが、同書は偽書とされます。著者はアリストテレスに近い誰かかもしれません。同書の内容は、家政学に関連する一般論とか財政学関連の資料といったところだと思います。プラトンの『法律』には、家政学や財政学に関わる規則についての言及があります。関心はすでに十分芽生えていたものと思われます。

（2）プラトンは『ゴルギアス』521dで、「アテナイで今、本当の意味で政治の仕事をしているのは自分だけだ」と（カリクレスに向かって）ソクラテスに言わせています。「本当の意味で」というところに含みがあると思いますが、いずれにしても、プラトンのこのような主張を私たちが額面通りに受け取ることができない理由の一つは、現代社会に生きる私たちが抱く政治家のイメージと哲学者のイメージの乖離《かいり》にあると思います。

（3）プラトン最晩年の著作『法律』には、このような「不正をさせないための縛り」の類いを見出すことはできないように思われます。『国家』との間に違いが生じたのは、プラトンの考え方が変わったからではなくて、著作の意図が違うからであると私は考えます。『法律』では、「（知性の支配に次ぐ、次善の策としての法の支配を目指す国家の）立法者は、徳の形成を目的として法を定める」とする立場から議論が展開されています（『法律』I 630c-631a）。しかし、『国家』における「国制の縛り」というのは、そういう文脈にはありません。『国家』において「私的所有の禁止」等の縛りを設定したのは、「すぐれた国制（すぐれた人間）」とそうでない国制（そうでない人間）の対比を明確にして、どのようにして「悪徳の芽生え」の類いが起こるのかを明示するためであった、と私は考えます（VIII 547b-c, 548a-b）。

（4）このような考え方は（少し形を変えて）『法律』においても表明されています（IX 875a-d）。「人間は獰猛《どうもう》な獣という一面を持つ」というような言い方がされているのですが、そこではそれに続けて、「だから、法律が必要である」と言われています。『国家』との違いについて詳しく論じるためには、またしても別の著作が必要になると思います。

（5）少し前に、『第七書簡』は間違いなく偽書であると断定する研究書が出版されました。Burnyeat and Frede, *The Pseudo-Platonic Seventh Letter*, 2015 です。フレーデ（Michael Frede, 1940-2007）という先生（昔、オックスフォード滞在中に、大学院生向けの演習に何回か参加したことがあります）の関心は、私のそれとは別のところにあるように思われますので、ここでは特に触れないことにします。バーニエット（Myles Burnyeat, 1939-2019）という先生（もっと昔、短期間でしたが、ケンブリッジに留学したときの先生でした）の見立てでは、哲学者ではなくて素人が書いたもの、ということのようです。留学中のあるとき、バーニエット先生と「何が偽書か」という話になって、私が真っ先に『第七書簡』と言うと、「なぜ分かるか」と訊かれたので、「読めば分かります」と答えた憶《おぼ》えがあります。若気の至り（そう若くもなかったのですが）以外の何物でもない、と今にして思いますが、先生の見立ても私の答えと似たり寄ったりかもしれません。

（6）「エートス」については、この後Ⅷ巻548d, 549a, 557c, 558d, 561e, Ⅸ巻571c, 572d, 577aで言及されます。また、Ⅲ巻400d, 400e, 401a, 401b, 402d, 409a, 409dでも言及されていました。「エートス」は「品性」とも訳されますが、「品のなさ」も「エートス」です。

（7）「理知的部分が支配すべきである」と、Ⅳ巻441e-442dで言われていますが、それが覆《くつがえ》される可能性があることについては、Ⅳ巻442a-b, 444bで触れられています。

（8）「規範」とは「社会的な圧力によって維持される規則」のことである、というのは、（行為をめぐる考え方について、私が多くのことを学んだ）黒田亘（1928-89）という先生による「規範」の定義です。しかし、黒田先生はそれに付け加えて、「規範意識」の「体系化」とか「成熟」というものがある、とも言っています（『行為と規範』、勁草書房、一九九二、二二～三頁）。この付け加えは重要である、と私は考えます。

（9）私の考え方については、拙著『合理的とはどういうことか』（講談社、二〇〇七）で述べました（二六～八頁、一四四～七頁）。「内在的な由来を持つ」（二六頁）というのは、原理的なレベルの話です。原理的には、私たちは（批判にこたえるために、あるいは自ら反省して）自分の判断基準を根本的に考え直すということができる、この点が重要だと思います。これについては、『合理的とはどういうことか』の最後の部分で詳しく論じました（一八二～九一頁）。

（10）「ロゴス」と「ノモス」の役割とか位置付けの違いをどう理解するかという問題はあるかもしれま

せん。「合理性」と「正当化」についても同様の問題はあると思います。これについては、グライスの議論が参考になると思います（「理性の諸相」第二章及び『理性と価値』「訳者解説」三〇六〜九頁）。

（11）松永先生はある論文で「普遍にさらされている」という言い方をしています（「『知と不知』をめぐる問題」、九州大学哲学会『哲学論文集』第十一輯、一九七五、一二〜四頁）。それを、私はこのように理解したいと思います。私の理解が間違っているかどうかをお尋ねする機会は、失われてしまいました。

（12）グライスは「理性の諸相」第五章の最後のところで「幸福を特徴付けるもの」をリストアップしていて、その一つが「満足感」です。他に六つの「特徴付けるもの」が挙げられていますが、いずれも「目的」に関連するものです（『理性と価値』一八四〜八頁）。「幸福」をめぐる議論の切り口として参考にすべき考え方だと思います。

参照文献

Adam, James, *The Republic of Plato*, 2 vols., Cambridge: Cambridge University Press, 1902.

アリストテレス『霊魂論』（山本光雄訳、岩波書店『アリストテレス全集』第六巻、一九六八）

――『形而上学』（出隆訳、岩波書店『アリストテレス全集』第十二巻、一九六八）

――『ニコマコス倫理学』（加藤信朗訳、岩波書店『アリストテレス全集』第十三巻、一九七三）

――『政治学』（山本光雄訳、岩波書店『アリストテレス全集』第十五巻、一九六九）

――『経済学』（村川堅太郎訳、岩波書店『アリストテレス全集』第十五巻、一九六九）

グライス、P.『理性と価値』（岡部勉編訳）、勁草書房、二〇一三（Grice, Paul, *Aspects of Reason*, Oxford: Oxford University Press, 2001 の全訳「理性の諸相」に、グライス晩年の行為論の翻訳「行為と出来事」と価値論の翻訳「形而上学と価値」を加えた編訳書）

Grice, Paul, Reply to Richards, in Richard Grandy and Richard Warner eds., *Philosophical Grounds of Rationality: Intentions, Categories, Ends*, Oxford: Oxford University Press, 1986, pp. 45-106.

菅豊彦『アリストテレス『ニコマコス倫理学』を読む』、勁草書房、二〇一六
黒田亘『行為と規範』、勁草書房、一九九二（黒田亘『行為と規範』、放送大学教育振興会、一九八五の再録を主要部分とする遺稿集）
松永雄二「「知と不知」をめぐる問題」、九州大学哲学会『哲学論文集』第十一輯、一九七五、一～一八頁（松永雄二『知と不知』、一七～三六頁に再録）
――「内なる正義」、九州大学哲学会『哲学論文集』第二十三輯、一九八七、一～二一頁（松永雄二『知と不知』、二二一～四三頁に再録）
――「たましい・こころというものの存在」（松永雄二『知と不知』、二四七～七四頁、書き下ろし）
――『知と不知』、東京大学出版会、一九九三
――「哲学の難しさ・面白さ」、西日本哲学会編『哲学の挑戦』、二〇一二、四三九～五三頁
岡部勉『行為と価値の哲学』、九州大学出版会、一九九五
――『合理的とはどういうことか』、講談社、二〇〇七
プラトン『エウテュプロン』（今林万里子訳、岩波書店『プラトン全集』第一巻、一九七五）
――『ソクラテスの弁明』（田中美知太郎訳、岩波書店『プラトン全集』第一巻、一九七五）
――『クリトン』（田中美知太郎訳、岩波書店『プラトン全集』第一巻、一九七五）
――『パイドン』（松永雄二訳、岩波書店『プラトン全集』第一巻、一九七五）
――『パイドロス』（藤沢令夫訳、岩波書店『プラトン全集』第五巻、一九七四）
――『ゴルギアス』（加来彰俊訳、岩波書店『プラトン全集』第九巻、一九七四）

――『国家』（藤沢令夫訳、岩波書店『プラトン全集』第十一巻、一九七六）

――『法律』（森進一・池田美恵・加来彰俊訳、岩波書店『プラトン全集』第十三巻、一九七六）

――『第七書簡』（長坂公一訳、岩波書店『プラトン全集』第十四巻、一九七五）

トウェイン、M.『人間とは何か』（中野好夫訳）、岩波書店、一九七三（Twain, Mark, *What is Man?*, New York: De Vinne Press, 1906 の翻訳）

ウィリアムズ、B.『生き方について哲学は何が言えるか』（森際康友・下川潔訳）、ちくま学芸文庫、二〇二〇（Williams, Bernard, *Ethics and the Limits of Philosophy*, Cambridge, Mass. : Harvard University Press, 1985 の翻訳）

Williams, Bernard, The Analogy of City and Soul in Plato's *Republic*, in Edward Lee, Alexander Mourelatos, and Richard Rorty, eds., *Exegesis and Argument*, Assen: Van Gorcum, 1973, pp. 196-206.

あとがき

私が最初に『国家』を読んだのは、たぶん大学二年目（一九六九年）のことだと思います。その年の四月に中央公論社の『世界の名著7　プラトンⅡ』が出て（改めて調べました）、読んだ記憶があります。読後感は「……」というようなものだったかもしれません。何も憶えていません。その次に読んだのは、第一章註7に記した松永雄二先生の東京都立大学集中講義（一九八二年）を聴講したときです。（たぶん）その次の年（一九八三年）、教員として熊本大学の学部の演習で学生と『国家』を読むことにしたのだと思います。一年の間に（当時は講義も演習も通年四単位でした）全巻読むと宣言して、その通り一年で全部読んでしまったと記憶しています。テキストはもちろん翻訳（岩波文庫）を使いましたが、憶えているのは、「分からない」とか「読めない」とか、先生が率先してそんなことばかり言っていたということです。私の最初の本『行為と価値の哲学』（一九九五年）の「まえがき」に、『国家』について「そこで言われていることが私には余りにわけが分からないことのように思われた」と記しています。『国家』は一年で卒業するつもりでした（本気でそう思っていました）が、見事に深みにはまりました。

その最初の本（『行為と価値の哲学』）の帯に、松永先生の手になる、次のような推薦文が記載されています。

この書物は、プラトンの思索が、どこで「哲学そのもの」のいのちの始源（アルケー）であり得たかを、まさにプラトンの言語表現の鋭利な分析を通じて明るみにもたらそうとしたものである。

ひとはこの書物のなかで、われわれ人間の存在のあり方そのものである「行為」をわれわれ自身が語っているその現場が、いったい、どれほどの意味にみちているのかを、あらためて知的な驚きとともに知らされるであろう。

「過分」以外に言葉がありませんが、前半は（実際にできたかどうかは別として）私がやろうとしたことについて、後半は（私のというよりは）プラトンの「書物」について言っていると理解したいと思います。いずれにしても、私自身の問題意識は、間違いなくそういうところにありました。しかし、その本ではひどく中途半端になってしまったと（本が出てしばらくして、落ち着いてから）思ったことが二つあります。その一つは、当時の行為論を席巻していたドナルド・デイヴィッドソン（Donald Davidson, 1917-2003）の考え方に対する反論です。私がプラトンの対話篇に読み取った「行為論」の中核をなす考え方は、デイヴィッドソンのそれとはかなり異なるものでした。しかし、そのことについて納得のいく議論ができませんでした。もう一つは、プラトンとアリストテレスとの違いです。魂論、幸福論、そして哲学の考え方をめぐって、プラトンとアリストテレスの距離感が正確にはつかめていませんでした。

その後、主要には現代の行為論に目を向けながら、上の二つを少しでも明確にしようとして試行錯誤したのですが、グライスと出会うまでは、一歩どころか半歩すら先に進めませんでした。勁草書房から出した『理性と価値』（二〇一三年）は、グライスの行為論と価値論に関する主要著作の翻訳です。翻訳の出版は、当初は考えていませんでしたが、グライスのテキストは恐ろしく難解で、グライスが言っていることを明確にするには、批判の目に晒される出版を目的として翻訳する以外にないと考えて、何年かをその仕事に費やしました。グライスは、基本的にはアリストテレス主義者だと思いますが、アリストテレスに批判的なところもあって、そのあたりが参考になりました。

グライスの翻訳よりも前に、『合理的とはどういうことか』（二〇〇七年）という一般向けの本を出しました。大学から哲学科が消えつつあった時代のことです。一般向けの本を出したいと考えたのは、「哲学は大事です」ということをアピールしたかったからですが、思ったようにはいきませんでした。いくつかの大学が入試問題に使ってくれたので、少なくとも入試関係者にはアピールしたということでしょうか。世の中は、そんなに甘いものではありません。それはともかくとして、この本でやろうとしたことの一つは、『国家』（というよりは、プラトン）に言及しないで（そう言いながら、論述の都合上、『クリトン』篇のソクラテスにだけは言及しています）、行為に関して普通に考えて何が問題になるのかを、できるだけ分かりやすく示すということでした。そういう戦略にしたのは、プラトン（『国家』）と現代の違い、とりわけプラトン（『国家』）にはあって現代の議論にないものを明確にするためでした。それは（今回のこの本で明確にできたと思います）「正義論」です。

プラトン（『国家』）について実際に改めて論じるようになったのは、放送大学に移ってからのことです。私と同じような年格好の学生さんたちが、毎月一回実施される「授業」（実際は研究発表です）に、（所長の職にあった）五年間、根気よく付き合ってくれました。一人でやる研究は、結局は自己満足になってしまいますから、（研究者でなくても、真剣に）何でも言ってくれる仲間が必要です。グライス研究も一人ではできなかったと思います。幸運なことに、（これは、毎週一回）付き合ってくれる仲間がいました。熊本大学の自分の研究室で、熊大を退職するまでの十何年か、細々と研究会を続けてきました。

これ以外に、九州大学・福岡大学関係者の協力を得て（「私が協力して」かもしれません）、福大の施設を借りて（一時、中断した期間もありましたが）二十年以上、毎年二回（四月と十月）開催してきた研究会があります。松永先生を中心とするこの研究会は、二〇二〇年四月からはコロナ騒ぎのせいで開催できなくなりましたが、その前の三回（二〇一八年十月、二〇一九年四月、二〇一九年十月）は、松永先生を提題者とする「プラトン『国家』篇を読む」という連続シンポジウムが（先生ご自身による発案と企画によって）実施されました。一回目がⅠ巻～Ⅳ巻、二回目がⅤ巻～Ⅶ巻、三回目がⅧ巻～Ⅹ巻についてでした。いくつかの重要な論点をめぐって、先生との間で改めて問題点を確認する議論ができたと思います。しかし、松永先生とはこれが最後の「対話」の機会となりました。もしかすると先生は、そういうこともあり得ると考えて、重い宿題があることを忘れるなと、私たちに言い聞かせたかったのかもしれません。

それより何年か前のことですが、(研究会のメンバーであった)家内が病に倒れて、重い障害を持つようになったということがありました。そのために、これが最後の機会になるかもしれないと思い極めて(実際には、そういうことにはならなかったのですが)、私が『パイドン』について発表しました(二〇一七年四月のことです)。『パイドン』は、松永先生にとっては思い入れのある対話篇ですから、何をどう言うにしてもそれなりの覚悟が必要でしたが、一度も『パイドン』について議論しないで、先生との「対話」を終わらせるわけにはいかないと考えて、どういうアプローチをするのかという話をしました。松永先生は「さはさりながら」と言っておられました。これは先生のいわば口癖のようなもので、「全面的に反対ではないが、かといって全面的に賛成というわけにもいかない」というような意味だと私は理解しています。今ごろは、はるか遠く離れたどこかで、黒田亘先生と(あるいはひょっとすると、プラトンと)「さはさりながら」とやっているかもしれません。家内は、これが刺激になったのか、その後少し元気になって、松永先生の連続シンポジウムにも私の「授業」にも、全部出席しました。

私の仕事はこれで終わりです。後は誰かがこの仕事を引き継いでくれることを願っています。「この仕事」というのは「プラトンを徹底的に読み直す」という仕事のことです。その価値は十分にあると思います。

最後に、前回（『理性と価値』）のときと同様、原稿の細かい点にまで目配りして、特に第二章第3節の展開に関する適切な加筆の助言その他、いろいろと有益な指摘をしてくれた、勁草書房編集部の土井美智子さんに心から感謝の意を表します。前回とは百八十度異なる、一般向けの本にするという私の意図をいぶかしく思うことなく理解してくれたことにも、改めて感謝します。

岡部　勉

二〇二一年十月

索　引

あ　行

か　行

さ　行

た 行

な　行

は　行

ま　行

や　行

ら　行

『国家』出典索引

Ⅸ 巻

Ⅹ 巻

著者略歴

1949年　茨城県に生まれる
1978年　東京大学大学院人文科学研究科博士課程修了　博士（文学）
　　　　熊本大学教授、放送大学熊本学習センター所長などを経て
現　在　熊本大学名誉教授
著　書　『行為と価値の哲学』（九州大学出版会、一九九五年）
　　　　『合理的とはどういうことか』（講談社、二〇〇七年）
編訳書　グライス『理性と価値』（勁草書房、二〇一三年）

プラトン『国家』を読み解く
人間・正義・哲学とは何か

2021年12月20日　第1版第1刷発行

著　者　岡《おか》　部《べ》　　勉《つとむ》
発行者　井　村　寿　人

発行所　株式会社　勁《けい》　草《そう》　書　房
112-0005 東京都文京区水道2-1-1　振替 00150-2-175253
（編集）電話 03-3815-5277／FAX 03-3814-6968
（営業）電話 03-3814-6861／FAX 03-3814-6854
堀内印刷所・松岳社

ISBN978-4-326-15482-1　Printed in Japan

P・グライス　理性と価値　後期グライス形而上学論集　岡部勉編訳　五〇六〇円

菅　豊彦　アリストテレス『ニコマコス倫理学』を読む　幸福とは何か　四六判　二五三〇円

黒田　亘　行為と規範　四六判　二六四〇円

B・ウィリアムズ　道徳的な運　哲学論集一九七三〜一九八〇　伊勢田哲治監訳　三八五〇円

J・マクダウェル　徳と理性　マクダウェル倫理学論文集　大庭健編・監訳　三六三〇円

荻原　理　マクダウェルの倫理学　『徳と理性』を読む　四六判　二七五〇円

中山康雄　共に社会を生きる哲学　社会の哲学と倫理学　四六判　三五二〇円

＊表示価格は二〇二一年一二月現在。消費税10％が含まれております。